CHAMADOS PARA
RECONSTRUIR

Editora Appris Ltda.
1.ª Edição - Copyright© 2025 do autor
Direitos de Edição Reservados à Editora Appris Ltda.

Nenhuma parte desta obra poderá ser utilizada indevidamente, sem estar de acordo com a Lei nº 9.610/98. Se incorreções forem encontradas, serão de exclusiva responsabilidade de seus organizadores. Foi realizado o Depósito Legal na Fundação Biblioteca Nacional, de acordo com as Leis nos 10.994, de 14/12/2004, e 12.192, de 14/01/2010.

Catalogação na Fonte
Elaborado por: Dayanne Leal Souza
Bibliotecária CRB 9/2162

O488c
2025
	Oliveira, Fabiano
	    Chamados para reconstruir / Fabiano Oliveira. – 1. ed. – Curitiba:
	Appris, 2025.
	    135 p. ; 21 cm.
	
	    ISBN 978-65-250-6587-8
	
	    1. Chamado. 2. Propósito. 3. Reconstituir. 4. Líder. I. Oliveira,
	Fabiano. II. Título.
	
	                                                           CDD – 234

Editora e Livraria Appris Ltda.
Av. Manoel Ribas, 2265 – Mercês
Curitiba/PR – CEP: 80810-002
Tel. (41) 3156 - 4731
www.editoraappris.com.br

Printed in Brazil
Impresso no Brasil

FABIANO OLIVEIRA

CHAMADOS PARA
RECONSTRUIR

Sauvé
EDITORA

Curitiba, PR

2025

FICHA TÉCNICA

EDITORIAL	Augusto Coelho
	Sara C. de Andrade Coelho
COMITÊ EDITORIAL	Brasil Delmar Zanatta Junior
	Estevão Misael da Silva
	Gilcione Freitas
	Luis Carlos de Almeida Oliveira
	Viviane Freitas
CURADORIA DE CONTEÚDO E IMPACTO COMERCIAL	Marli C. de Andrade
SUPERVISORA EDITORIAL	Renata C. Lopes
PRODUÇÃO EDITORIAL	Maria Eduarda Pereira Paiz
REVISÃO	Ana Carolina de Carvalho Lacerda
DIAGRAMAÇÃO	Amélia Lopes
CAPA	Daniela Baumguertner
REVISÃO DE PROVA	William Rodrigues

Mas o Consolador, o Espírito Santo, que o Pai enviará em meu nome, esse ensinará a vocês todas as coisas e fará com que se lembrem de tudo o que eu lhes disse

(João 14:26)

Com exclusividade ao meu amigo Espírito Santo, que me iluminou para escrever este livro, entregando um conteúdo em uma madrugada especial em um quarto de hotel. Foi uma experiência brilhante e inesquecível.

AGRADECIMENTOS

In memoriam a meu pai, Ageval Oliveira, presente até hoje com sua integridade e dedicação para educar seus filhos no caminho justo e correto. *In memoriam* a meu irmão André Luiz, que se estivesse aqui vibraria junto comigo; foi um exemplo de fé e alegria a todos que conviveram com ele. Também *in memoriam* a Vera Lúcia, tia em quem me inspiro como cuidadora e de grande afeto aos seus familiares. Agradeço também ao meu sogro, Pr. Santana, e sogra, Cirles Nascimento, pelas interseções, carinho e patrocínio direto ou indireto a este livro. A meu irmão Ageval Oliveira, que sempre esteve próximo quando foi necessário. A minha mãe, que além de motivar, cooperou em muitos momentos e de várias formas.

Agradeço a minha família, por sempre estar perto e sonhar junto comigo. A minha esposa, Janine Oliveira, que sempre parou o que estava fazendo para me auxiliar nas dúvidas de gramática. A minha filha Ana Luiza, que ouvia e admirava cada descoberta para compor este livro. Aos meus sobrinhos Bruno, Mateus, Felipe, Daniel e Lucas, que me inspiram e me fazem ter esperança com o futuro da juventude; vocês são importantes na minha vida. Às minhas cunhadas, que sempre têm uma palavra de sabedoria para compartilhar.

Por fim, e não menos importante, agradeço a minha grande família e corpo de Cristo. À Igreja Reino & Família e aos jovens, grupo de voluntários, líderes, irmãos e irmãs que oram e se dedicam por nós. À família Chang, que se tornou apoiadora e incentivadora usada pelo bom Deus para profetizar sobre este projeto. Ao nosso Pr. Rogério Porto e família, que prontamente aceitaram cooperar no prefácio e, liberando palavras encorajadoras, sempre profetizaram que dessa seara haveria de sair escritores, profetas, missionários, músicos que anunciarão as boas novas.

Obrigado de coração a todos os homens e mulheres de Deus, amigos, parentes e pastores que passaram em minha vida e contribuíram para minha formação e ministério. Ao Pr. Rui, Pr. Wilson, Pr. Luiz França e Pra Leninha, Pr. Luiz e Pra. Irene, Pr. Nilton Marinho e ao excelentíssimo vereador Samuka, usado por Deus na última hora para finalizar esta obra.

Deus abençoe todos vocês!

PREFÁCIO

Quando conheci o Pr. Fabiano, ele já trabalhava na construção deste livro, ao mesmo tempo que tocávamos a obra de construção do nosso templo. Tínhamos em mente que mais importante que a construção de um prédio, a vontade maior de Deus era de nos edificar como casas espirituais, a fim de estabelecer em nós a estrutura que Ele necessitava e ainda necessita, para executar a obra que Ele desejava em nós e através de nós. A premissa da nossa igreja sempre foi a de que a intenção de Deus era nos edificar como casas espirituais, antes da construção de um prédio, um templo.

Sinto como se Deus usasse o Pr. Fabiano como um escritor que foi chamado a escrever a história de nossa igreja, baseado no texto sagrado, a princípio sem ter ideia de que existíamos, até que Deus o trouxe ao nosso convívio.

Quando comecei a ler esta obra, percebi o quanto tinha a ver conosco e me senti atraído como uma peça de ferro arrastada por um grande imã. *Chamados: para Reconstruir* nos confronta acerca da nossa realidade e do quanto Deus quer nos forjar, nos preparar, construir em nós uma base sólida, um prédio onde muitos possam abrigar-se e receber refrigério através de nossas vidas. Será impossível você ler esta bela obra e não se identificar de alguma forma. Você se verá à medida em que mergulha nas linhas deste livro.

Creio que você, caro leitor, será muitíssimo abençoado com esta obra literária, e isto te servirá de fortalecimento espiritual. Você vai perceber uma clareira se abrindo diante dos seus olhos.

Isto porque você vê Deus falando com você e te dando entendimento do seu propósito em Deus.

Boa leitura!

Pr. Rogério Porto

Pastor do Ministério Reino & Família

SUMÁRIO

CAPÍTULO 1
CONSEQUÊNCIAS DO AFASTAMENTO
E A CONVOCAÇÃO PARA RECONSTRUÇÃO...........15

CAPÍTULO 2
A PROMESSA DE GLÓRIA NA RECONSTRUÇÃO
DO TEMPLO...........42

CAPÍTULO 3
SANTIFICAÇÃO, O MODELO ESSENCIAL
PARA A RECONSTRUÇÃO...........56

CAPÍTULO 4
CHAMADOS PARA LIDERAR...........80

CAPÍTULO 5
OS JOVENS, O SISTEMA E O EXEMPLO DE DANIEL...........107

EXTRAS...........131

APOIADORES...........134

CAPÍTULO 1

CONSEQUÊNCIAS DO AFASTAMENTO E A CONVOCAÇÃO PARA RECONSTRUÇÃO

As palavras do profeta Ageu tiveram um efeito transformador nas vidas de muitas pessoas que ouviram e creram na sua profecia: [...] *e todo remanescente do povo atenderam à voz do Senhor, seu Deus, e às palavras do profeta Ageu, as quais o Senhor, seu Deus, havia ordenado que lhe dissesse...* (Ageu 1:12). Não sei o quanto você já vivenciou transformações positivas, ou mesmo negativas, após alguém fazer declarações referente às suas ações, ao seu momento de vida ou até por inveja, raiva, ódio, rivalidade... Já presenciei muito isso e, por mais que alguém diga que são apenas palavras e não acredita na influência delas, o que a Bíblia ensina é algo muito diferente: *Palavras precipitadas são como pontas de espada, mas as palavras dos sábios são remédio* (Provérbios 12:18).

Podemos viver um verdadeiro caos em nossas vidas por anos, devido ao efeito de palavras ditas de maneira precipitadas; porém essas palavras precisam de causa, ou seja, um motivo para que realmente se concretizem. Se de fato existir esse motivo, ele irá incomodar nosso ser, impedir projetos e até mesmo interferir em nosso comportamento e em nossa disposição. Da mesma forma, as boas palavras proferidas sobre nós trarão efeitos positivos em nossas vidas.

Lembro-me de quando jovem, no período em que estava tentando tirar a carteira de motorista, fui reprovado por duas vezes e estava bem inseguro, decidi fazer algumas aulas de reforço e encontrei um instrutor que marcou minha vida. As suas boas palavras até hoje fazem efeitos na minha vida; após a segunda ou terceira aula, ele me disse: "você será um excelente motorista!". Com o reforço das aulas e com aquelas palavras, ganhei confiança e realizei o terceiro teste, que alegria, fui aprovado com tranquilidade. Minha ação de melhorar a parte técnica e as palavras do instrutor mudaram a minha condição de desconforto com as avaliações e com o desafio do trânsito, temos então uma breve equação: A + P = R (Ações + Palavras = Efeitos (realizações ou impedimentos).

Conforme o texto de provérbios anteriormente citado: as boas palavras são como remédios, trazem confiança, esperança e transformação interior, que serão externadas com atitudes solidárias, empatia e desenvolvimento de nobres projetos e realizações. Nesse caso do livro de Ageu, ele foi usado por Deus para lançar palavras que, entendidas e aplicadas, fizeram uma grande diferença na reconstrução das famílias e da nação.

Importante contextualizar, mesmo que brevemente, o momento histórico de Israel e do profeta Ageu, para que cada página deste livro possa servir de impacto para sua vida, e incentivá-lo a buscar o cumprimento da vontade e das promessas de Deus sobre sua casa em todos os aspectos.

O texto inicial do livro de Ageu, no segundo ano do reinado de Dário, e após 70 anos de exílio do povo de Israel, traz uma profecia que foi lançada com profundas revelações por meio do profeta; no 1º dia do sexto mês é lançada a seguinte profecia ao povo:

[...] *Assim diz o Senhor dos Exércitos: Este povo diz:* **'Ainda não chegou o tempo, o tempo em que a Casa do Senhor deve ser reconstruída.'** *Por isso, a* **palavra do Senhor veio por meio do profeta Ageu, dizendo: Acaso é tempo de vocês morarem em casas luxuosas, enquanto este templo permanece em ruínas?** *Portanto, assim diz o Senhor dos Exércitos: 'Considerem o que tem acontecido com vocês. Vocês semearam muito e colheram pouco; comem, mas isso não chega para matar a fome; bebem, mas isso não dá para ficarem satisfeitos; põem roupa, mas ninguém se aquece; e o que recebe salário, recebe-o para colocá-lo numa sacola furada.' Assim diz o Senhor dos Exércitos: 'Considerem o que tem acontecido com vocês'.* (Ageu 1:2-7, grifo nosso).

Com as obras do templo paralisadas há mais de 15 anos, e o profeta Ageu com 70 anos de vida, o Espírito de Deus confronta o povo de Israel, que estava estabelecido na Babilônia, vivendo em casas luxuosas, preocupados em melhorar de vida, procurando a realização de festas, entretenimento, focados em crescimento financeiro e posicionamento social. Por esses e outros motivos, Israel argumenta que a reconstrução da Casa do Senhor não deveria ser reconstruída nesse tempo. A mentalidade do povo estava voltada para as suas prioridades, uma visão de costume imediato, individualista, com projetos a curto prazo, minimizando e excluindo valores espirituais; assim, acostumaram-se com a escravidão da Babilônia.

Você pode perguntar: "Como uma vida de escravidão, se estavam também cuidando do que era seu? Se conseguiram posses, plantavam, faziam comércio e construíam casas luxuosas?". O fato de possuir terrenos, casas, ornamentar as suas moradias, plantar, comercializar e ter convívio social com outras pessoas não anula uma vivência de escravidão e adaptação ao sistema, é importante entender o modelo de império praticado na época. Tanto a Babilônia quanto os Medos-Persas edificaram grandes potências mundiais. Uma das práticas de alguns conquistadores para manutenção do poder era poupar a vida e "liberar" todos os escravos. Isso mesmo, era concedida certa autonomia na administração aos povos dominados. Contudo, o império indicava o governante, essas práticas incomuns de governar tinham suas razões: reduzir as rebeliões; manter o povo pagando os impostos; manter a ordem, diluindo as tensões, o que favorecia ambos os lados. Do lado do povo conquistado, não sofriam com a perda de suas vidas, "redução" da opressão e tinham uma pequena participação na administração. Para o império, evitava conflitos sociais, rebeliões e vinganças, o que reduzia o empenho de energia com revoltas, podendo voltar-se para questões estratégicas de posicionamento militar, conquista de terras e aumentar a arrecadação de riquezas, ou seja, entrega ao povo uma condição de ocupação e divertimento, para continuar com os planos globais e ganhar tempo para novas conquistas.

O povo de Israel não queria arriscar o pouco que tinha adquirido na Babilônia, e com o passar dos 70 anos, a geração nascida durante o exílio na Babilônia, e a geração mais antiga, conquistada na invasão, adaptaram-se com as condições de sobrevivência da época, almejavam crescimento local, não estavam dispostos a novos desafios, uma mudança exigiria melhorar sua condição espiritual, gerenciar uma logística de retorno, e eles não estavam dispostos a enfrentar todo esse trabalho.

A profecia de Ageu veio acompanhada de uma revelação que precisa inquietar a todos que leem o texto. A prioridade individualista de Israel trouxe danos espirituais, financeiros, físicos e emocionais altíssimos, a ponto de o Senhor dos Exércitos solicitar de maneira direta e repetida, uma reflexão: *considere o que tem acontecido com vocês* (Ageu 1:5 e 7). Pelos textos que tratam do assunto, nos livros de Ageu, Neemias, Esdras e Zacarias, suas mensagens despertam uma reflexão quanto à dificuldade e ao desgaste para sobrevivência em terra estrangeira.

O exílio trouxe para Israel uma série de restrições, começando pela comunicação e exposição de fragilidade como nação. O sentimento de vulnerabilidade, medo, estavam sem defesa institucional (exército), sem o amparo de leis, sob condição de distanciamento de Deus e dificuldades para manutenção alimentar e comércio. A indignação de Deus para usar o profeta Ageu nessa temperatura demostra Seu desapontamento com o povo.

O motivo desse grande desapontamento fica demonstrado pela indiferença dos judeus diante da assinatura do édito no primeiro ano do reinado de Ciro (Esdras 6:3), entre 538 a.C. a 537 a.C. (Ciro conquista a Babilônia no ano 539 a.C.), com a autorização para construção do templo e, consequentemente, a possibilidade de retorno dos judeus para suas terras. Foram mais de 15 anos da autorização de Ciro até o início efetivo, em 520 a.C., período da profecia de Ageu, incentivando o retorno a Jerusalém.

O desinteresse dos judeus com o propósito de Deus em reconstruir a nação e o templo afetou diretamente a recuperação dos judeus em sua cultura e prosperidade, sem contar na influência espiritual de crianças e jovens, decorrido do atraso de pelo menos 15 a 18 anos para início da construção do segundo templo. A última geração que nasceu na Babilônia, já com o édito de Ciro assinado, liberando o retorno dos judeus, poderia ter menor influência do sistema babilônico, mas devido ao desinteresse dos judeus, sofreram com o atraso da reconstrução.

Todo atraso quanto ao cumprimento do chamado de Deus em nossas vidas pode afetar uma geração que deixará de colher os melhores frutos. Eu e você podemos ser os responsáveis desse atraso e dessa escassez; quando não nos disponibilizamos para atender Seu propósito em nosso tempo e geração, nossos filhos e descendentes podem sofrer pela nossa omissão: *"Portanto, aquele que sabe que deve fazer o bem e não o faz, nisso está pecando"* (Tiago 4:17, NAA).

Quero que entenda um pouco da divisão do livro de Ageu, para melhor entendimento desse livro. Foram quatro momentos em que o profeta Ageu se pronunciou usado pelo Senhor:

- **1ª Parte** – Capítulo 1:1-15 – A Profecia, início da transformação.

- **2ª Parte** – Capítulo 2:1-9 – O encorajamento e a intervenção de Deus.

- **3ª Parte** – Capítulo 2:10-19 – A Santificação para realização dos atos profetizados.

- **4ª Parte** – Capítulo 2:20-22 – O zelo do Senhor com a profecia.

Em cada parte/capítulo entraremos com ação prática para nosso tempo, mas acredito que cada leitor, antes mesmo de experimentar as ações práticas dessas profecias, já terá sido conduzido pelo Espírito Santo, de acordo com sua jornada e experiência de vida: *Mas aquele Consolador, o Espírito Santo... vos ensinará todas as coisas e vos fará lembrar de tudo quanto vos tenho dito* (João 14:26, NAA).

Juntos precisamos identificar o que Deus tem para nosso tempo, e como surgirá o avivamento em nossa casa, em nosso trabalho, grupo de negócio, grupo familiar, células, encontros de casais, ministério... Particularmente, já antecipo que essa mensagem transformou extraordinariamente o andamento da rotina de minha família, comportamento, emoções e estrutura espiritual da casa. Essa parte será abordada mais a frente, ainda vivo transformações enquanto escrevo este livro, contudo, quero aqui encorajar você a retornar cada dia à leitura deste livro, sem dúvidas foi escrito com 100% de encorajamento e iluminação do Espirito Santo.

Escrever sobre esse tema tem abençoado a minha vida, e o principal objetivo é alcançar jovens, homens e mulheres do meu estado, país e outras nações, incentivando-os a priorizar o Reino dos Céus, sem se preocupar com que [...] *haveis de comer, beber ou vestir* (Mateus, 6:25), o Senhor mantém a provisão dia a dia, assim como seus pagamentos e satisfação, experimentando o que Deus tem para cada um segundo a sua fé:

> *Ele respondeu: 'Porque a fé que vocês têm é pequena. Eu asseguro que, se vocês tiverem fé do tamanho de um grão de mostarda, poderão dizer a este monte: 'Vá daqui para lá', e ele irá. Nada será impossível para vocês'.* (Mateus 17:20, NVI).

> *Se estiverem dispostos e me ouvirem, vocês comerão o melhor desta terra.* (Isaias 1:19, NAA).

Vamos então! Próximo ao fim dessa primeira parte da profecia, Deus afirma, por meio do profeta, que os judeus, apesar de comerem, possuírem trabalho e produzirem, não conseguiam se saciar, tinham apenas o necessário para sobrevivência. Apesar de trabalharem MUITO, não recebiam na mesma proporção do seu ESFORÇO, não possuíam reservas capazes de gerar satisfação e alegria, muito menos conseguir reservas que pudessem compartilhar da produção:

> *Vocês têm plantado muito, mas colhido pouco. Vocês comem, mas não se fartam. Bebem, mas não se satisfazem. Vestem-se, mas não se aquecem. Aquele*

> *que recebe salário, recebe-o para colocá-lo em uma bolsa furada.* (Ageu 1:6, NVI).

Como assim? Viviam em casas luxuosas e não conseguiam se satisfazer? Exatamente, conseguiram, ao longo dos anos morar em boas casas, mas não havia satisfação por parte dos judeus, não recebiam na mesma proporção do seu esforço e trabalho. A bebida e a comida não o satisfaziam, e suas colheitas não eram na mesma proporção do seu trabalho, muita energia e baixo retorno na produtividade, não conseguiam desfrutar do que produziam e construíam, vivendo com dividas, cansaço e distantes das suas famílias e crenças. Viviam nessa condição devido ao afastamento de Deus, foram exilados e, quando exilados, não se importavam com as questões da própria nação, cujo Deus tinha escolhido para tratar outras nações.

Esse primeiro momento da profecia já tira o fôlego daqueles que temem a Deus, daqueles que procuram viver o Reino de Deus, entenda: *Interrogado pelos fariseus sobre quando viria o Reino de Deus, Jesus lhes respondeu: "Não vem o Reino de Deus com visível aparência. Nem dirão: Ei-lo aqui! Ou: Lá está! Porque o Reino de Deus está dentro de vós"* (Lucas 17:20-21, ARA). Porque esse Reino não é externo, mas está em nós, é por convicção, só pode ser externado se estiver dentro, e a sua certeza nos impulsiona a realizar ações de pregar e alcançar muitas vidas:

> *Como, pois, invocarão aquele em quem não creram? E como crerão naquele de quem não ouviram falar? E como ouvirão, se não houver quem pregue? E como pregarão, se não forem enviados? Como está escrito: 'Como são belos os pés dos que anunciam boas-novas!' No entanto, nem todos os israelitas aceitaram as boas-novas. Pois Isaías diz: 'Senhor, quem creu em nossa mensagem?'.* (Romanos 10:14-15, NVI).

Só podemos iniciar algum projeto, ou tomar alguma decisão, quando estamos cheios da convicção daquilo que cremos e desejamos realizar. Se não houver convicção interior, nunca iremos externar, no sentido de colocar em prática, ou caso iniciemos, ficará inacabado, como estava o templo.

A indiferença dos judeus com a reconstrução do templo e, consequentemente, com o restabelecimento do culto, afetou os fatores externos e naturais de suas vidas, isso mesmo, diante de sua indiferença, vivenciaram a retenção do orvalho, a sequidão da terra, a produção do solo foi afetada, da mesma forma, a produtividade do animal, e das pessoas, prejudicando a capacidade de gerar alimentos e riqueza (Ageu 1:10).

Definitivamente Israel foi afetado em suas condições de produtividade, mesmo realizando grandes esforços para ter alimento, bebida, vestimenta e terras, existia um esforço desproporcional entre: (trabalho + dedicação) x retorno = menor que o esperado.

A expectativa e o empenho eram altos, mas o resultado bem a abaixo do que foi empreendido, consequência da postura de descaso e indiferença de Israel com a prioridade do restabelecimento do culto, da comunhão e adoração a Deus.

Durante a profecia, Deus se apresenta como Senhor dos Exércitos; esse termo não foi usado no livro de Daniel durante o exílio, também não foi usado pelo profeta Ezequiel, que ficou cativo na Babilônia (Ezequiel 1:1), foi usado por Jeremias quando anunciava as sentenças de Deus para desobediência do povo:

> *Então, lhes dirás: Assim diz o Senhor dos Exércitos, o Deus de Israel: Bebei, embebedai-vos, vomitai e caí, e não mais vos levanteis, por causa da espada que enviarei entre vós.* (Jeremias 25:27, NVI).

> *Portanto, assim diz o Senhor, o Deus dos Exércitos, o Deus de Israel: 'Eis que trarei sobre Judá e sobre todos os habitantes de Jerusalém toda a calamidade que falei contra eles; porque lhes falei, e não ouviram; chamei-os, e não responderam'. (Jeremias 35:17, NVI).*

Como podemos perceber, o termo usado pelo profeta Jeremias apresenta o Senhor como "Senhor dos Exércitos" quando atua em guerra e comunica que sairá vencedor. Quando Ele se apresenta dessa forma, usará de ações que apenas em estado de guerra podem ser utilizadas para alcançar as conquistas almejadas.

Durante o exílio, Deus utiliza da mesma apresentação, pelo profeta Ageu, e seu contemporâneo, o profeta Zacarias. Para o povo se arrepender e ouvi-Lo, anuncia que usará de ações exclusivas para guerra, servindo de alerta para evitar sofrimentos como no passado e restabelecer a confiança e comunhão pelo arrependimento, sendo necessárias novas atitudes que demostrem fidelidade ao projeto de Deus em suas vidas:

> *Portanto, diga-lhes: Assim diz o Senhor dos Exércitos: 'Voltem para mim, diz o Senhor dos Exércitos, e eu voltarei para vocês, diz o Senhor dos Exércitos. Não sejam como os seus pais. Quando os primeiros profetas clamavam: 'Assim diz o Senhor dos Exércitos: Convertam-se dos seus maus caminhos e das suas obras más', eles não ouviram nem me deram atenção, diz o Senhor. Os pais de vocês, onde estão? E os profetas, será que ainda estão vivos? E não é fato que as minhas palavras e os meus estatutos, que eu prescrevi aos profetas, meus servos, alcançaram os pais de vocês? Sim, estes se arrependeram e disseram: 'Como o Senhor dos Exércitos tinha intenção de nos tratar, segundo os*

nossos caminhos e segundo as nossas obras, assim ele nos tratou'. (Zacarias 1:3-6, NVI).

Outro significado relevante para apresentar-se como "Senhor dos Exércitos" é reforçar ao povo judeu que estão em uma terra estrangeira sem defesa institucional, sem a formação de um exército de homens e sem comandantes. Ele, então, é esse Exército que vencerá o conflito, tentando influenciar a confiança do povo ao retorno de sua nação e propósito...

O Senhor dos Exércitos, aquEle que tem todo poder, que possui e controla um grande exército espiritual e físico, porque todas as coisas se submetem ao seu poder:

> *Pois nele foram criadas todas as coisas, nos céus e sobre a terra, as visíveis e as invisíveis, sejam tronos, sejam soberanias, quer principados, quer potestades. Tudo foi criado por meio dele e para ele. Ele é antes de todas as coisas. Nele tudo subsiste.* (Colossenses 1:16-17, NAA).

O Senhor dos Exércitos é aquEle que guerreia as nossas guerras, que batalha ao nosso favor: *O Senhor lutará por você; fiquem calmos* (Êxodo 14:4, NAA). Como sabemos, todos os dias e a cada segundo o inimigo trabalha para nos matar, roubar e destruir. Matar física e espiritualmente, matar as nossas relações e relacionamento com colegas de trabalho, amigos, irmãos, filhos e cônjuge. O inimigo também nos rouba o tempo, a alegria, a paz, as realizações, os projetos, as posses e deseja nos destruir moralmente, fragilizar nossa personalidade por meio de críticas destrutivas, angústias, ansiedades, depressão, doenças, acidentes.

O maligno atua por meio do sistema, das necessidades de resultado e consumo, do cansaço, das relações sociais, é por meio do sistema que ele impõe um ritmo de vida, uma opressão.

Com o passar dos anos, essa opressão pode se instalar em nosso coração, muitas pessoas vivem com um aperto em seus corações e não conseguem defini-lo, ou encontrar um diagnóstico, apesar de viveram relativamente bem: *Acima de tudo, guarde o seu coração, pois dele depende toda a sua vida* (Provérbio 4:3, NVI).

Cansaço, desejos e vontades nos afastam do Reino de Deus. Como já foi citado anteriormente, esse Reino está dentro de nós, e só pode ser externado e colocado em prática se o propósito estiver definido, se o nosso interior estiver cheio do propósito. Distanciamo-nos tanto das verdades e possibilidades do Reino de Deus, que vários conceitos acabam sendo diluídos, esquecidos, fragmentados, a nossa mente começa uma etapa de racionalização dos eventos cotidianos, para "evitar" em cada um de nós a frustração.

As pessoas são envolvidas de tal forma pelo príncipe deste mundo, que em seus corações são criadas expectativas de uma grande aceitação social; nessa necessidade de se tornarem aceitas e relevantes, o próprio sistema massageia o ego, impedindo uma transformação genuína do comportamento, pois diante da jornada diária e das rotinas, fica quase impossível uma mudança que não "prejudique" as relações, as finanças ou a comodidade. Esquecemos, por vezes, que nosso Deus batalha para vencer, que se Lhe pedirmos alguma mudança, será para vitória, e não para vergonha?

Não devemos temer por sermos diferentes da maioria da sociedade, que se assim não nos tornarmos, algo está errado. Essa diferença não é porque somos pessoas melhores, mas porque Cristo nos ilumina, e no meio da escuridão, toda luz é percebida, e toda treva é dissipada!

O povo de Israel passou 70 anos exilados, esses anos de exílio foram causados pelo seu afastamento e distanciamento na relação com Deus, período que ocasionou a fragilidade dos conceitos e atributos do Deus Todo Poderoso, suprimidos pelas suas experiências do dia a dia com outras nações, mas o que nos leva ao cativeiro ficará para um próximo livro. Aqui queremos vivenciar nossa condição atual, e como sairemos desse cativeiro.

O básico nesse momento é saber dos riscos em ficarmos cativos pelo sistema, usamos como autodefesa argumentos e impossibilidades devido às rotinas, ao cansaço, aos conflitos, racionalizamos doutrinas, e pior, racionalizamos a própria fé. Um bom exemplo da racionalização que se faz, para não redirecionar nossa rota de demandas, é: "Deus compreende minha vida"; "Ele é misericordioso"; "Não posso fazer agora por determinado motivo"; "Ele irá entender caso eu não entregue o que for necessário", este é o mesmo pensamento do jovem rico, veja:

> *Certo homem importante lhe perguntou: 'Bom Mestre, que farei para herdar a vida eterna?' 'Por que você me chama bom?', respondeu Jesus. 'Não há ninguém que seja bom, a não ser somente Deus. Você conhece os mandamentos: 'Não adulterarás, não matarás, não furtarás, não darás falso testemunho, honra teu pai e tua mãe.' 'A tudo isso tenho obedecido desde a adolescência', disse ele. Ao ouvir isso, disse-lhe Jesus: '**Falta-lhe ainda uma coisa**. Venda tudo o que você possui e dê o dinheiro aos pobres, e você terá um tesouro nos céus. **Depois venha e siga-me**.' Ouvindo isso, ele ficou triste, porque era muito rico. Vendo-o entristecido, Jesus disse: 'Como é difícil aos ricos entrar no Reino de Deus! De fato, é mais fácil passar um camelo pelo fundo de uma agulha do que um rico entrar no Reino de Deus.' Os que ouviram isso perguntaram: 'Então, quem pode ser salvo?' Jesus respondeu: 'O que é impossível para os homens é possível para Deus.' Pedro lhe*

disse: 'Nós deixamos tudo o que tínhamos para seguir-te!' Respondeu Jesus: 'Digo-lhes a verdade: Ninguém que tenha deixado casa, mulher, irmãos, pai ou filhos por causa do Reino de Deus deixará de receber, na presente era, muitas vezes mais, e, na era futura, a vida eterna'. (Lucas 18:18-30, NVI, grifo nosso).

Bem, você pode dizer: "eu não sou rico", então não me enquadro nessa exposição, a questão aqui não é apenas o apego às riquezas e coisas materiais, mas a condição de não abrir mão do conforto, do que nos atrai, tanto material quanto emocionalmente, outro detalhe importante é que o jovem estava em conformidade de 99% do que podia atender para entrar no Reino dos Céus, mas lhe faltava 1%, em que era aprisionado, ficou triste por identificar que naquele momento não iria se desfazer dos bens, compartilhar o que tinha. Podemos entregar 99% de tudo o que temos, mas se faltar 1%, compromete nossa relação com Jesus, e nos impede de avançar em uma relação de poder, e de participação efetiva no Reino de Deus.

Imagine se naquele momento ele entregasse o que foi pedido, o quanto iria aprender, produzir e influenciar no Reino de Deus?! Por que ele ficou triste, se não se desfez de suas posses? Se entregar ou não era uma opção dele? Se ele ficou com o que "conquistou" e o que lhe satisfazia no momento? Não se pode ter tudo, *"Ninguém pode servir a dois senhores; porque ou irá odiar um e amar o outro, ou irá se dedicar a um e desprezar o outro. Vocês não podem servir a Deus e às riquezas."* (Mateus 6:24). Ele queria agradar a dois senhores.

Podemos fazer uma analogia da tristeza vivenciada pelo jovem rico com o esforço produzido pelos judeus durante o exílio, que se empenhavam muito, mas o que colhiam era bem inferior diante de todo o esforço, em ambos os contextos ficaram paralisados diante do propósito. O jovem rico reconheceu que Jesus era Deus e poderia salvá-lo, mas seu coração estava no conforto da riqueza. Quanto aos judeus exilados, mesmo com o édito assinado e com toda provisão de Deus para retornarem à sua terra e retomar a reconstrução do templo, não ficaram disponíveis e optaram pelas suas posses e rotinas.

Tanto o jovem rico quanto os judeus exilados queriam aprovação em seu estado inicial, não queriam mudanças que lhe causassem desapego e dor. O jovem queria participar do Reino com apego às suas posses, e os judeus queriam ser abençoados por Deus na terra onde estavam como estrangeiros e escravos, indiferentes à prioridade de Deus, cultuando vários deuses, impedidos de orar ao Deus Todo Poderoso (Daniel 6:12).

Não se esqueça de que aquele jovem identificou Jesus como O Bom Mestre, Jesus respondeu que apenas Deus pode ter esse título. O jovem rico sabia do poder de salvação que estava em Cristo, e o quanto ele deveria participar desse Reino nas condições plenas, revogando seu apego; a condição desse Reino é a transformação interior, porque o Reino de Deus está dentro de nós.

Quanto aos judeus, tinham todas as condições por meio dos documentos e da palavra para recomeçarem, contudo, precisavam começar de novo, locomover-se de novo, construir de novo, adaptar-se de novo, e por tudo isso produziram apatia, medo do que poderiam perder, deixar para trás, preferiam ficar com o pouco trabalhando muito, com o que chegava em suas mãos pressionados pelo sistema, em vez de transformarem suas mentes aprisionadas pela Babilônia (mundo) e terem a liberdade de viver novas experiências de fé.

Acredito que até aqui o Espírito Santo já tenha ministrado na vida de muitos leitores segundo seu chamado, chegamos no X da questão do propósito, e na exposição clara para nosso tempo do livro de Ageu em sua primeira parte. Deus se manifesta pelo posicionamento das pessoas que nEle crê e que por Ele foram escolhidas, para a reconstrução do templo. Cristo ensina que o Templo não é mais a casa construída de pedras, mas seu corpo:

> Seus discípulos lembraram-se que está escrito: 'O zelo pela tua casa me consumirá.' Então os judeus lhe perguntaram: 'Que sinal milagroso o Senhor pode mostrar-nos como prova da sua autoridade para fazer tudo isso?' Jesus lhes respondeu: 'Destruam este templo, e eu o levantarei em três dias.' Os judeus responderam: 'Este templo levou quarenta e seis anos para ser edificado, e o senhor vai levantá-lo em três dias?' **Mas o templo do qual ele falava era o seu corpo.** (João 2:17-21, NVI, grifo nosso).

A igreja é o corpo de Cristo e cada um de nós formamos esse corpo, conforme declarado pelo apóstolo Paulo nas cartas aos Romanos e Corintos:

> Assim como cada um de nós tem um corpo com muitos membros e esses membros não exercem todos a mesma função, assim também em Cristo nós, que somos muitos, formamos um corpo, e cada membro está ligado a todos os outros. (Romanos 12:4-5, NVI).

> Ora, vocês são o corpo de Cristo, e cada um de vocês, individualmente, é membro desse corpo. (1 Corintos 12:27, NVI).

Como participantes do corpo, devemos preservá-lo e fortalecê-lo para consolidação do Reino de Deus que está dentro de cada um de nós, nosso corpo é santuário de Deus que habita o Espírito Santo: *Acaso não sabem que o corpo de vocês é santuário do Espírito Santo que habita em vocês, que lhes foi dado por Deus, e que vocês não são de vocês mesmos?* (1 Coríntios 6:19, NVI). Não pertencemos a nós, mas pertencemos ao Espírito Santo, esse é o desejo de Deus para nossas vidas. Se somos um corpo, não devemos cuidar individualmente desse corpo, mas de todos os membros que integram o corpo; então, cuidar do templo do Espírito Santo é cuidar de mim e cuidar do outro, que é o nosso irmão:

> *Então ele dirá aos que estiverem à sua esquerda: 'Malditos, apartem-se de mim para o fogo eterno, preparado para o Diabo e os seus anjos. Pois eu tive fome, e vocês não me deram de comer; tive sede, e nada me deram para beber; fui estrangeiro, e vocês não me acolheram; necessitei de roupas, e vocês não me vestiram; estive enfermo e preso, e vocês não me visitaram.' Eles também responderão: 'Senhor, quando te vimos com fome ou com sede ou estrangeiro ou necessitado de roupas ou enfermo ou preso, e não te ajudamos?'* **Ele responderá: 'Digo a verdade: O que vocês deixaram de fazer a alguns destes mais pequeninos, também a mim deixaram de fazê-lo. E estes irão para o castigo eterno, mas os justos para a vida eterna'.** (Mateus 25:41-46, NVI, grifo nosso).

É um desejo do Pai, e uma obrigatoriedade do justo (conforme grifo na citação anterior), cuidar do próximo, *e como crerão naquele de quem nada ouviram?* (Romanos, 10:14). Entretanto, o sistema implantado, aparentemente feito para libertar, tem ocupado muito de nós, e não temos a força, a disposição, a coragem e o estímulo necessário para reconstruir o nosso templo, e muito menos o templo do nosso irmão. A cada momento recebemos uma enxurrada de informação, atualizações, cursos, modelos de sobrevivência, possibilidades de renda extra, redes de entretenimento que ocupam nossas mentes e ofuscam o verdadeiro e sublime objeto de Cristo para nossas vidas, que é cuidar um dos outros. Não sobra tempo para quase nada, o ativismo para manutenção da sobrevivência, para manter as nossas casas ornadas, educada e abastecida, leva praticamente 90% do nosso tempo, o que sobra é para dormir um pouco, e fazer o entretenimento com a família para não colapsar a mente e as relações.

Tenho ouvido de pessoas que até para ir aos cultos têm dificuldade de horário e disposição, e quando conseguem ir, o cansaço toma conta do corpo e não se concentram. Nos habituamos ao sistema ativista, nossa mente pede conexão às redes, e isso nos tira totalmente do objetivo do culto, nos tornando cada vez mais indiferentes pelas prioridades de Deus em nossas vidas. Da mesma forma que Israel aprisionado e escravo na Babilônia, aplicando um esforço desproporcional entre: (trabalho + dedicação) x retorno = resultado menor que o esperado.

Semelhante a Israel exilado, trabalhamos muito e não temos a colheita, a recompensa e a valorização do nosso empenho na mesma medida em que nos dedicamos, a estrutura consome nosso trabalho, as muitas atividades consomem nosso tempo e argumentamos: "Deus me compreende por isso não posso cuidar de ninguém!", "Está difícil cuidar de mim, quanto mais cuidar de outras pessoas".

No fundo, todos esses argumentos expressam falha de prioridade e entendimento, discursos racionalizados, agimos como o jovem rico. Não basta saber que Jesus é Deus, e tem poder para salvar, não basta saber o que deve ser feito, e muito menos fazer 99%. A porta do céu é estreita e irá nos cobrar o que temos que fazer, *pois quem ganha almas*, sábio é! (Provérbios 11:30).

Sempre deixamos o Reino de Deus para depois, e o Reino de Deus não é apenas ir a cultos aos domingos, clamar pela família, mas a verdadeira religião é cuidar dos órfãos e das viúvas (Tiago 1:27), dos desamparados, dos vulneráveis, isso inclui um amparo na área espiritual e socioeconômica. A verdadeira religião é cuidar de gente, é se preocupar com pessoas, é buscar a recuperação, a conversão de vidas a Cristo, a missão da igreja é buscar os perdidos, é fazer discípulos:

> *'Portanto, vão e façam discípulos de todas as nações, batizando-os em nome do Pai e do Filho e do Espírito Santo, ensinando-os a obedecer a tudo o que eu lhes ordenei.* **E eu estarei sempre com vocês, até o fim dos tempos'.** (Mateus 28:19-20, NVI, grifo nosso).

Muitas pessoas pensam que essa missão é do pastor, dos obreiros, profetas, claro que não! Essa missão é de toda a igreja. A missão é o papel fundamental de uma instituição, uma padaria, por exemplo: tem muitos produtos, mas se não fabricar pão, não é uma padaria; uma igreja, se não salvar vidas diariamente, discipular pessoas, capacitar, se dedicar, não será igreja, será um grupo, uma sociedade filantrópica, mas não uma igreja.

Uma padaria precisa de padeiros qualificados para fazer bons pães, a igreja precisa de pessoas que se disponibilizem a serem bons "padeiros" para salvar, cuidar, capacitar e enviar. A igreja precisa de pessoas que manejam bem a palavra da verdade (II Timóteo 2:15), entretanto, a ocupação em que somos envolvidos, com suas demandas, prejudica nossa capacitação na palavra e, consequentemente, afeta a construção e consolidação de pessoas no Reino de Deus.

Apesar de trabalhar intensamente, não usufruímos de toda capacidade da colheita por deficiência do uso da palavra e da busca pelo Espírito Santo, semelhante a Israel, que pelo atraso em mais de 15 anos da reconstrução do templo, impediu que uma geração desfrutasse grandes experiências com Deus. Todo esse tempo prejudicou uma geração que se envolveu com costumes pagãos, sendo influenciada por práticas seculares, por falta do envolvimento dos pais; devido a uma preocupação de manter a casa, foi retirada desses jovens a oportunidade de uma convivência com a palavra.

A profecia de Ageu nos alerta para sairmos do individualismo, abandonarmos rotinas que promovem apenas o abastecimento de sonhos particulares, nossas ações devem contemplar a missão da igreja, como parte do corpo, preciso funcionar para que o corpo não adoeça, ou fique debilitado, sinto muito em dizer isto: "mas a nossa igreja brasileira está debilitada, porque nela há os que procuram seus próprios interesses", precisamos entregar nosso coração a Cristo, [...] *vê se há em mim algum caminho mal* (Salmos 139:4, ACF).

Como a restauração do templo, o entendimento para os dias de hoje, conforme apresentado, é restaurar vidas, cuidar de pessoas. Contudo, isso tem ficado cada vez mais difícil, somos admoestados e crescemos em um modelo de causas próprias, na busca por destaque social, prosperidade. Na atualidade, substituímos amigos por seguidores, aperto de mão por likes, e com o pós-pandemia o individualismo foi reforçado no cotidiano das pessoas. Nos afastaram dos bancos, das empresas, das praças, das repartições públicas e também das igrejas, ficamos presos ao sistema.

Os encontros nas casas como eram feitos antes, e o incentivo ao evangelho, ficam cada dia mais escassos no mundo contemporâneo, a indiferença para a grande comissão relatada em todos os evangelhos sinópticos: Mateus, Marcos e Lucas e no evangelho de João. Neles, foi nos dada a garantia de que o Senhor estaria conosco todos os dias até o fim dos tempos, quando não realizamos essa missão, perdemos também a garantia. É justamente nesse distanciamento provocado pelo ativismo, pelo modelo de vida individualista, influenciado pelo príncipe deste século, que utiliza os avanços tecnológicos, que são geradas necessidades de status, poder econômico e até mesmo de sobrevivência.

Com toda essa demanda, argumentamos da mesma forma que os judeus influenciados por costumes babilônicos, que afirmaram: não é tempo para a construção do templo, entretanto, o apóstolo Tiago vai dizer que a fé opera juntamente com as obras e foi pelas obras que a fé se consumou (Tiago 2:22, NVI). Temos como exemplo Abraão, que entregou seu filho Isaque, e diante dessa fé, por meio da obra (a entrega de Isaque), foi providenciado o cordeiro para sacrifício. Qual o entendimento? Quando realizamos nossa missão, entregamos o que fomos designados a entregar, o Senhor nos envia a sua provisão, os resultados serão impressionantes e extraordinários, tanto no Reino quanto em nossas vidas:

> Respondeu Jesus: 'Digo-lhes a verdade: Ninguém que tenha deixado casa, irmãos, irmãs, mãe, pai, filhos, ou campos, por causa de mim e do evangelho, deixará de receber cem vezes mais já no tempo presente casas, irmãos, irmãs, mães, filhos e campos, e com eles perseguição; e, na era futura, a vida eterna'. (Marcos 10:29-30, NVI).

Quando entregamos parte de nosso dia, semana, parte da nossa vida, como fez Abraão, que entregou o seu filho, então, é providenciado o cordeiro para o sacrifício. Quando não temos a entrega (obras), acabamos sendo o próprio sacrifício, porém sem o resultado prático, porque somos pecadores, e Deus não aceita sacrifício impuro. Então o que Ele quer? Deus quer nossa obediência e não sacrifício, a obediência é reconstruir templos, primeiro eu me reconstruo em Cristo, pois sem fé é impossível agradar a Deus. Em seguida, edifico meu irmão, que precisa de mim para crescer em fé, este, por sua vez, em breve terá sua obra, emoções, culto e enchimento do Espirito Santo reconstruídos em sua vida: [...] *não tendo em vista apenas os seus interesses, mas também os dos outros* (Filipenses 2:4, NAA).

O Senhor nos alerta da mesma forma que o Israel exilado: considerem o que tem acontecido com vocês, nesse tempo em que a prioridade é você ou seus interesses, nesse tempo em que não entrega a reconstrução de vidas. Não recolhe o que deveria recolher, está cansado, trabalha muito e não se contenta com o que recebe. Até podemos identificar que existem pessoas com condições econômicas muito boas, mas que não produzem no Reino de Deus, e ainda assim têm menos do que poderiam receber, o salário, a renda, é desproporcional ao investimento que fazem. A preocupação em gerar resultado é maior que o próprio resultado, em alguns momentos surgem ventos que desconstroem tudo o que foi planejado e adquirido, e recomeça todo o ciclo.

Fala-se muito em prosperidade por meio da fidelidade ao dízimo, mas o dízimo é apenas a devolução do que se recebe, essa foi a aliança de Jacó (Israel) com Deus em Gênesis 28:22, em busca de manutenção em sua caminhada, após iniciar sua fuga de Esaú e seu deslocamento para a o Oriente, em direção à família de sua mãe:

> *Então fez Jacó um voto, dizendo: Se Deus estiver comigo, cuidar de mim nesta viagem que estou fazendo, prover-me de comida e roupa, e me fizer voltar são e salvo para a casa de meu pai, então o Senhor será o meu Deus. E esta pedra que hoje coloquei como coluna servirá de santuário de Deus; e de tudo o que me deres certamente te darei o dízimo.* (Gênesis 28:20-22, NVI).

Contudo, o dízimo é mencionado pela primeira vez por Abraão, em Gênesis 14:20, após vitória em guerra: *E bendito seja o Deus Altíssimo, que entregou seus inimigos em suas mãos. E Abrão deu-lhe o dízimo de tudo.* O dízimo é retorno pela vitória, uma comemoração, a devolução por ter recebido algo do Senhor. Mas a prosperidade pode ser liberada pela reconstrução do templo, e a reconstrução é exatamente restabelecer o culto ao Senhor, é garantir, em primeiro lugar, que se restabeleça um tempo diário com Deus, um tempo de comunhão com meus irmãos, um tempo de louvor e adoração em conjunto com meus irmãos, é garantir que pessoas venham em direção ao Reino de Deus por influência de minha vida com Cristo, pela pregação da palavra.

É impossível que desigrejados, ou cristãos não praticantes, vivam essa reconstrução, porque não há reconstrução sem envolvimento de pessoas, sem unidade, temos o mesmo Espírito; e jamais o Espírito que há em um irmão, sendo o mesmo, deixará de se reunir com outros irmãos. Então, o cuidado com pessoas (que chamamos aqui de templo) promove resultados econômicos, evita prejuízos, faz surgir a *"big ideia"*, o empenho dos empregados e empregadores aumenta, reduz casos de ansiedade, depressão e desacordos... Contudo, será preciso uma intensidade na santificação e transformação da mente para estabelecer o verdadeiro posicionamento conforme as escrituras. O próximo capítulo trata especificamente desse tema, que fará toda diferença para reconstrução do templo.

O que Deus espera da nossa atitude? Em Ageu 1:8, o Senhor comunica, por meio desse profeta: *Vão ao monte e tragam madeira e reconstruam o Templo.* Para apanhar a madeira no monte, a primeira coisa a ser feita é separar um tempo para esse momento de ir ao monte, fica bem fácil essa interpretação. Se o monte é lugar de oração, a madeira representa a cruz, principal símbolo de redenção por meio do sacrifício de Jesus. Então é preciso reservar um período para buscar essa madeira, fazer o sacrifício e buscar a Deus em favor de outras pessoas (templo), como está escrito em Romanos:

> Portanto, meus irmãos, por causa da grande miseri-
> córdia divina, eu os exorto a oferecerem o seu corpo
> como sacrifício vivo, santo e agradável a Deus; este
> é o culto racional de vocês. (Romanos 12:1, NVI).

Com esse culto restabelecido em nossas vidas podemos interceder para que outros sejam transformados, reconduzidos e atraídos para o Reino de Deus. *Antes de tudo, recomendo que se façam súplicas, orações, intercessões e ações de graças por todos os homens* (1 Timóteo 2:1, NVI). E o referido versículo de Ageu 1:8 conclui: *"Dele me alegrarei e serei glorificado", diz o Senhor.* Essa alegria do Senhor é pelo empenho que o ser humano disponibiliza pelo trabalho no Reino de Deus. Um reforço sobre essa mensagem é a parábola do servo fiel e do servo mau em Mateus 24:45-47. O servo fiel será recompensado com bens por manter o sustento dos servos que foram entregues para serem cuidados, enquanto o servo mau terá o castigo severo por ser descuidado e negligente com os servos que estavam sobre sua responsabilidade.

Independentemente das nossas demandas pessoais para manutenção da vida e do lar, é preciso romper com o sistema, e com o modelo implantado por séculos em nossas mentes pelo príncipe deste século. É preciso dedicação e disposição para restaurar nosso templo e restabelecer as rotinas de culto em nossas vidas, só assim, seremos fortalecidos para buscar pessoas que precisam de intercessão, cuidado, ensino, batismo, comunhão... e apesar de reduzir o tempo para outras atividades, seremos bem recompensados pelo nosso Senhor:

> *Respondeu-lhes Jesus: 'Em verdade vos digo que ninguém há que tenha deixado casa, ou mulher, ou irmãos, ou pais, ou filhos, por amor do Reino de Deus, que não haja de receber no presente muito mais, e no mundo vindouro a vida eterna'.* (Lucas 18:29-30, NAA).

Veja como essa palavra pronunciada por Jesus Cristo é bem próxima da profecia de Ageu, precisamos trazer essa profecia para os nossos dias, e quando vivermos esse desejo e mandamento do Senhor, receberemos MUITO MAIS no presente; e no futuro, a garantia da vida eterna, porque para aqueles que possuem o Espírito Santo, uma das marcas é o desejo de pregar e compartilhar a palavra de Deus gerando frutos, e que esses frutos permaneçam (João 15:16).

O que acontece após a profecia de Ageu? Vinte e três dias após a profecia, a palavra certamente borbulhando no peito dos ouvintes, o Senhor despertou o espírito dos remanescentes, próximo de 50 mil pessoas. Zorobabel, o governador de Judá, e o sacerdote Josué atenderam à voz de Deus e não ficaram desamparados: *"Eu estou com vocês"* (Ageu 1:13, NAA). Assim foi iniciado os trabalhos da reconstrução do templo.

Então, seja encorajado por essa mensagem profética também para os dias atuais, e que o seu espírito seja despertado para reiniciar o trabalho de reconstrução do templo. Primeiro a sua vida, restabelecendo o culto racional com rotinas cristãs, tendo como propósito influenciar e resgatar outros templos (pessoas), para que esses templos e pessoas restabeleçam o relacionamento com o Eterno e Sumo Sacerdote Jesus Cristo. Somos a igreja, não podemos ser indiferentes com a missão a nós empenhada, vamos cumprir o ide (Mateus 28:19).

Diante do que vimos até o momento na mensagem de Ageu, nossa economia pessoal não experimenta maiores e melhores colheitas por causa da indiferença ao chamado de Deus em sua plenitude. Nossa mente foi modificada, codificada pelo pecado e influenciada por Babilônia (o mundo, o sistema), acreditamos que se trabalharmos duro e investirmos nosso dinheiro seremos prósperos, felizes e duradouros, mas isso não tem se tornado uma verdade.

Temos a geração com maior dependência financeira nas igrejas, procuram crescimento financeiro e poucos fazem pelo Reino. Uma geração com crise de ansiedade, alto nível de complexo, que apesar de produtivas nas empresas, produzem pouco no Reino. Uma geração em que poucos discipulam ou são discipulados, em alguns casos, igrejas cheias, mas com baixa participação no que é essencial para salvar vidas.

É verdade que dos remanescentes, menos de 50 mil retornaram da Babilônia para a reconstrução dos muros, muitos criaram laços culturais, religiosos, adorando outros deuses, prosperaram segundo seus olhos, e se adaptaram bem ao sistema, outros não queriam se expor, evitando perder o que conquistaram e acreditando que mesmo com uma escolha diferente da vontade de Deus poderiam tocar suas vidas.

Temos esse mesmo cenário nos dias atuais, entretanto, este livro chegou até você, e nele há palavras que transformarão sua mente e impulsionarão seu coração para externar o Reino de Deus que está em você. Chegou a hora de retornar para uma grande obra e viver maravilhas que ainda não foram experimentadas por você, por sua família e por muitos de nós. Nos próximos quatro capítulos, muito ainda está por vir, para despertar seu espírito e expandir o reinado do Senhor por onde você for levado pelo Espírito Santo:

Vós, porém, são geração eleita, sacerdócio real, nação santa, povo exclusivo de Deus, **para anunciar as grandezas** *daquele que vos chamou das trevas para a sua maravilhosa luz.* (1 Pedro 2:9, NVI, grifo nosso).

CAPÍTULO 2

A PROMESSA DE GLÓRIA NA RECONSTRUÇÃO DO TEMPLO

Após 51 dias da primeira profecia de Ageu, o Senhor voltou a reanimar os líderes e o povo de Israel, para cumprir o chamado de reconstrução do templo. Deus sabia o que incomodava aqueles que já tinham vivenciado a glória do primeiro templo, todos conheciam as experiências dos tempos passados, como o tabernáculo levantado por Moisés, quando a glória do Senhor por meio de uma nuvem encheu o tabernáculo:

> *Então, a nuvem cobriu a tenda do encontro, e a glória do Senhor encheu o tabernáculo. Moisés não conseguia entrar na tenda do encontro porque a nuvem estava sobre ela, e a glória do Senhor enchia o tabernáculo.* (Êxodo 40: 34-35, NAA).

O templo construído por Salomão durante a solenidade de inauguração foi tomado pela glória do Senhor, após descer fogo do céu e consumir o holocausto ofertado; assim como no tabernáculo, os sacerdotes não puderam entrar no templo devido à presença da glória do Senhor. Tendo o Senhor o conhecimento desses momentos e sabendo das expectativas dos judeus, perguntou-lhes: *"Quem de vocês viu este templo em seu primeiro esplendor? Comparado com ele, não é como nada o que vocês veem agora?"* (Ageu 2:3, NVI).

Havia uma certa nostalgia com o primeiro templo construído por Salomão, pois era reconhecido por ter recebido materiais de alta qualidade de outros povos, como o cedro do Líbano, enviado pelo rei Hirão, de Tiro, e por ser uma construção magnífica, com uma estrutura que atraiu visitas de reis, em especial e com maior destaque da rainha de Sabá. Confira detalhes das ornamentações:

> *Salomão cobriu de ouro puro o interior do templo e estendeu correntes de ouro em frente do santuário interno, que também foi revestido de ouro. Assim, revestiu de ouro todo o interior do templo e também todo o altar que estava diante do santuário interno.* (1 Reis 6:21-22, NVI).

> *Nas paredes ao redor do templo, tanto na parte interna como na externa, esculpiu querubins, palmeiras e flores abertas. Também revestiu de ouro os pisos, tanto na parte interna como na parte externa do templo. Para a entrada do santuário interno fez portas de oliveira com batentes de cinco lados. E nas duas portas de madeira de oliveira esculpiu querubins, tamareiras e flores abertas, e revestiu os querubins e as tamareiras de ouro batido. Também fez pilares de quatro lados, de madeira de oliveira para a entrada do templo. Fez também duas portas de pinho, cada uma com duas folhas que se articulavam por meio de dobradiças.* (1 Reis 6:29-34, NVI).

O principal utensílio do primeiro templo era a arca da aliança, que simboliza a presença de Jesus Cristo: *Então os sacerdotes levaram a arca para dentro do Templo e a colocaram onde devia ficar, no Lugar Santíssimo, debaixo das asas dos querubins* (1 Reis 8:2-6, NVI).

Para o segundo templo não havia mais a arca da aliança, os grandes sacrifícios foram certamente lembrados por muitos, e por esses motivos estavam saudosos, contudo, existia a promessa: *A glória da segunda casa, será maior que a da primeira* (Ageu 2:9). Durante o primeiro século, aconteceu um dos maiores relatos em relação aos templos, foi nesse segundo templo que aconteceu o registro sobre a purificação do Templo por Jesus, além de sua presença frequente realizando vários ensinos:

> *Alguns dias antes da Páscoa dos judeus, Jesus foi até a cidade de Jerusalém. No pátio do Templo encontrou pessoas vendendo bois, ovelhas e pombas; e viu também os que, sentados às suas mesas, trocavam dinheiro para o povo. Então ele fez um chicote de cordas e expulsou toda aquela gente dali e também as ovelhas e os bois.* **Virou as mesas dos que trocavam dinheiro, e as moedas se espalharam pelo chão.** *E disse aos que vendiam pombas: 'Tirem tudo isto daqui! Parem de fazer da casa do meu Pai um mercado!'. Então os discípulos dele lembraram das palavras das Escrituras Sagradas que dizem:* **'O meu amor pela tua casa, ó Deus, queima dentro de mim como fogo'.** (João 2:13-17, NVI, grifo nosso).

> *'Eu estava com vocês todos os dias, ensinando no pátio do Templo, e vocês não me prenderam. Mas isso está acontecendo para se cumprir o que as Escrituras Sagradas dizem'.* (Marcos 14:49, NVI).

É diante do templo que Jesus Cristo irá confirmar a plenitude da profecia de Ageu, não foi quando ensinava, ou mesmo no episódio da purificação do Templo, no qual derruba as mesas com as mercadorias e moedas daqueles que não zelavam pelo que é sacro. Até aquele momento, o templo físico representava o sagrado, os ritos que apontariam para o Templo Vivo, por isso sua irritação, devido à distorção das atividades realizada no lugar sagrado; vendiam e negociavam em local de ensino e adoração.

A confirmação da plenitude da profecia de Ageu vem por meio de suas palavras após questionarem sua autoridade, e disse Jesus: *"Destruam este santuário, e em três dias eu edificarei"* (João 2:19). Os judeus pensavam que Jesus estava tratando do templo físico, porém esse foi o momento em que Cristo, com toda autoridade, comunica que o sagrado agora é o seu corpo, Ele anuncia o Templo Vivo, é Ele, o santuário é Ele, é nEle que habita o Santo Espírito que enche de glória o Templo, então o cumprimento: "a glória da segunda casa será maior que a da primeira", fica estabelecida a profecia de Ageu.

Jesus é o Templo Vivo, nele habita a presença do Pai, Eu e o Pai somos um (João 10:30), como foi no tabernáculo e no templo construído por Salomão, enchidos de glória. Referente ao segundo templo, o qual Ageu profetizou aos judeus e no qual não entrou a arca da aliança, sua reconstrução comunica o seguinte entendimento: a glória encherá o indestrutível e verdadeiro Templo Vivo, não necessitando mais da arca que simbolizava a presença de Deus, mas esse Templo Vivo agora é cheio pelo Espírito Santo. Em Lucas 4.18-19 (grifo nosso), o próprio Jesus declara: **"O Espírito do Senhor está sobre mim**, *porque ele me ungiu para evangelizar os pobres; enviou-me para proclamar libertação aos cativos e restauração da vista aos cegos, para pôr em liberdade os oprimidos, e proclamar o ano aceitável do Senhor"*. Esse Templo indestrutível, verdadeiro, é Jesus Cristo cheio do Espírito Santo.

Em João 14:23, Jesus ensina que somos moradas dele: Jesus respondeu: *"Se alguém me ama, guardará a minha palavra; e o meu Pai o amará, e viremos para ele e faremos nele morada"*. O apóstolo Paulo, em suas cartas às igrejas, esclarece o quanto devemos cuida e honrar essa posição:

> Será que vocês não sabem que o corpo de vocês é santuário do Espírito Santo, que está em vocês e que vocês receberam de Deus, e que vocês não pertencem a vocês mesmos? (I Coríntios 6:19, NAA).

> Nele, todo o edifício, bem-ajustado, cresce para ser um santuário dedicado ao Senhor. Nele também vocês estão sendo edificados, junto com os outros, para serem morada de Deus no Espírito. (Efésios 2:21-22, NAA).

O impressionante é que Cristo transfere à sua igreja aos seus filhos alguns dos seus atributos. Os atributos de Deus são divididos em incomunicáveis, os quais Deus não reparte, por serem exclusivos à sua divindade, são eles: onipotência, onipresença, onisciência, eternidade, imutabilidade. E os atributos comunicáveis, veja alguns: o amor, a graça, a misericórdia, a paciência, a justiça e a bondade. Quando somos nomeados templos vivos, habitação de Deus, assumimos essas características dos atributos comunicáveis de Deus; somos templos de Deus por seu amor, por sua graça, pela sua misericórdia, justiça, bondade... tudo isso deve ser manifestado a cada dia, a cada mês, a cada ano, e como templos de Deus, edificamos novos templos, novos tabernáculos, novas moradas do Espírito Santo.

Da mesma forma que Jesus foi a glória maior da segunda casa para a profecia de Ageu, o envio do Espírito Santo para nossas vidas nos dias atuais é a extensão da profecia da glória da segunda casa. Na primeira casa éramos pecadores, e em nós habitava o mal. Paulo reforça esse sentimento quando declara, em Romanos 7:18: *Sei que nada de bom habita em mim.* Por mais que nos esforcemos, sempre teremos algo que não é perfeito, algo que não agrada, nossas boas obras ou intenções não podem nos reconciliar com Deus por causa dos nossos pecados. Isaias 59:2 diz: *Mas as iniquidades de vocês fazem separação entre vocês e o seu Deus* [...]. Em João 5:24, diz: [...] *quem ouve a minha palavra e crê naquele que me enviou tem a vida eterna, não entra em juízo, mas passou da morte para a vida...* É crendo em Jesus que teremos a melhor vida, conseguimos enfrentar melhor nossos problemas, e até refletir melhor porque os problemas aparecem, experimentamos ouvir a palavra, e por isso cremos. Foi ouvir que fez toda diferença em nossas vidas, então é preciso compartilhar essa vida, compartilhar essa palavra, para que muitos tenham nova vida, e ser transformados em templos vivos. *Só poderá crer quem ouvir, mas como ouvirá se não há quem pregue?* (Romanos 10:14).

São muitos os nossos talentos, e eles não podem ser utilizados apenas a serviço do meu sustento, do meu destaque, por ascensão profissional ou por mero hobby. Os talentos, são dados pelo Criador; minha capacidade de falar, de comunicar por libras, escrever, liderar, mobilizar, negociar, criar, planejar, executar, de ouvir... são talentos entregues por Deus para nossas vidas, e serão cobrados por Deus sua aplicação em favor do seu Reino, conforme parábola dos talentos:

> *'Portanto, tirem dele o talento e deem ao que tem dez. Porque a todo o que tem, mais será dado, e terá em abundância; mas ao que não tem, até o que tem lhe será tirado. Quanto ao servo inútil, lancem-no para fora, nas trevas. Ali haverá choro e ranger de dentes'.* (Mateus 25:28-30, NAA).

Essa passagem explica bem por que poucos fazem o trabalho de muitos, quando os talentos não são disponibilizados para o Reino dos Céus, as pessoas se esfriam, os nossos talentos não podem ficar no banco da igreja ou guardados em casa; quando isso acontece, muitos se afastam, perdem o rumo e ficam como servos inúteis, colocam a salvação em risco. Aqueles que desempenham seus talentos, ganham mais atividades no Reino, seremos julgados pelas nossas obras, se não temos obras, não temos fé, as passagens de Mateus e Tiago esclarecem bem a importância das obras como salvos, e como aplicação da fé:

> *Então o Rei dirá também aos que estiverem à sua esquerda: 'Afastem-se de mim, malditos, para o fogo eterno, preparado para o diabo e seus anjos. Porque tive fome, e vocês não me deram de comer; tive sede, e vocês não me deram de beber; sendo forasteiro, vocês não me hospedaram; estando nu, vocês não me vestiram; achando-me enfermo e preso, vocês não foram me ver.' E eles lhe perguntarão: 'Quando foi que vimos o Senhor com fome, com sede, forasteiro, nu, enfermo ou preso e não o socorremos?' Então o Rei responderá: 'Em verdade lhes digo que, sempre que o deixaram de fazer a um destes mais pequeninos, foi a mim que o deixaram de fazer.' E estes irão para o castigo eterno, porém os justos irão para a vida eterna.' (Mateus 25:41-46, NAA).*

> *Meus irmãos, qual é o proveito, se alguém disser que tem fé, mas não tiver obras? Será que essa fé pode salvá-lo? Porque, assim como o corpo sem espírito é morto, assim também a fé sem obras é morta. (Tiago 2:14-26 NAA).*

O que realmente importa é trabalhar no Reino de Deus para não ficar escravizado, morto e inútil. Observamos que muitas pessoas têm se preocupado em comer nos melhor restaurantes, as melhores comidas, uma grande preocupação com a própria provisão, pessoas pagam por drinks caríssimos e desembolsam altos valores para se vestirem com algumas marcas famosas. Sei que pode estar pensando: "trabalho para ter essas satisfações, me empenho horas, e preciso usufruir dos ganhos do meu trabalho". O ensino aqui não é dizer que não possa adquirir produtos que satisfaçam sua personalidade, claro que você pode! A exposição aqui toma como base o livro de Ageu e o propósito de Deus para seus filhos e filhas. Todas as coisas e necessidades virão naturalmente quando nos edificamos, e quando cuidamos de pessoas, nada terá falta, e a satisfação interior virá com menores consumos; e não se esqueça de que Deus sempre irá surpreender seus filhos fiéis.

Empregamos a maior parte do nosso tempo para as conquistas e realizações. O sistema governado pelo príncipe deste século impõe "disfarçadamente", com apoio da mídia, influencers e redes sociais, todo tipo de desejo e comportamento. Muitos ocupam-se por horas, ficam disponíveis em momentos que não esperavam sua convocação para o trabalho, reduzindo a disposição para sua edificação e dedicação ao Reino dos Céus, mesmo que seja por breve tempo. Em hipótese alguma defendo que abandonem os trabalhos, ou não invistam em suas carreiras, claro que não! O propósito deste livro é trazer com clareza dois entendimentos que a profecia transmite:

1º) **A influência da formação de uma mente exilada.** Crescemos dentro de um mundo de pecado e afastados da doutrina da fé cristã, crescemos e adquirimos uma mentalidade que direciona nossas decisões, e tudo que se trata de fé é tratado com descrédito e ceticismo. O que influência nas ações, nos desejos e nas realizações, em sua grande maioria é provocado pelo sistema. Esse mesmo sistema me ocupa, impedindo-me de vivenciar com naturalidade tudo o que Deus pode me proporcionar quando me edifico e quando me dedico em seu Reino. Essa dedicação acontece quando meus dons e talentos estão disponíveis para que o meu irmão experimente da prosperidade disponível por Deus. Contudo, teremos dificuldades em apresentar essa dedicação se estivermos distantes de uma cultura cristã.

Entenda a separação ou o distanciamento de um Deus que escolhe seu povo para fidelidade e para viver em obediência ao seu chamado e palavra: *"Se vocês me amam, obedecerão a meus mandamentos"* (João 14:15). Esse afastamento trará consequências diretas nos resultados dos negócios, na profissão, na condução familiar.

Quando a disponibilidade para o sistema aumenta, e se reduz o tempo ao sagrado (a busca a Deus, o enchimento pelo Espírito Santo), o aumento dessa disponibilidade ao sistema com a finalidade em melhorar o desempenho resultará em cansaço físico e emocional, desencadeando doenças como burnout, depressão, ansiedade, pânico, fobia, transtorno do sono; na verdade já vemos esses índices aumentarem a cada ano. Por isso, nunca devemos remover o tempo que pertence à nossa edificação, como o cuidado com o espiritual e com o emocional, dentro desse cuidado o apoio ao próximo torna-se fonte que qualifica nossas ações, tanto espiritual como emocionalmente.

2º) **Iniciar uma transformação de mente.** Importante identificar o modelo de uma mentalidade secular e realizar a transformação para o modelo de uma mentalidade salvadora. Isso é possível quando houver a reconstrução dos pensamentos antes moldados pela Babilônia, de ocupação, prazeres, ídolos, posses, status, poder, para um pensamento de fé nas doutrinas que são comprovadas por meio da atuação de Deus, crendo que Ele nos guarda quando agimos com fidelidade, então experimentamos

TODAS as coisas que o Senhor tem para aqueles que n'Ele crê. Sendo assim, há solução e promessas para todos envolvidos no Reino dos Céus. *Nem olhos viram, nem ouvidos ouviram, nem jamais penetrou em coração humano o que Deus tem preparado para aqueles que o amam* (I Coríntios 2:9, NAA).

Foram precisos alguns passos realizados pelo Criador para que a profecia tivesse seu início e cumprimento. Primeiro foi o chamado e a revelação ao profeta Ageu, ele precisava saber de antemão a vontade de Deus para o povo. O segundo passo foi o profeta declarar a palavra revelada, o profeta se disponibilizar para anunciar qual o desejo de Deus para aquelas pessoas. Essas iniciativas despertaram o espírito dos líderes e o espírito dos remanescentes.

Para acontecer o despertar e produzir um novo templo foi preciso que alguém ouvisse Deus, acreditasse na revelação e aplicasse o ide, o anunciar pelo Deus, pelo Espírito. Os efeitos das palavras do profeta Ageu se comparam à passagem de Ezequiel 37, em que os ossos tomaram forma e se levantou um grande exército na visão do profeta. Durante a profecia de Ageu, os corações foram preenchidos por expectativas de serem usados para reconstrução de um novo tempo, por meio do novo templo. É exatamente isso, um novo tempo será iniciado quando houver a reconstrução de novos templos. Contudo, o profeta, aquele que detém o chamado, deve acreditar na revelação de Deus, disponibilizar-se e saber que nos corações as palavras lançadas serão implantadas pelo Espírito Santo, convencendo do pecado, da justiça e do juízo, e será formado um grande exército.

Para gerar o engajamento e ter a disposição necessária daqueles que participariam da reconstrução, três orientações foram entregues pelo profeta da parte de Deus, elas foram imprescindíveis para reiniciar a obra que estava parada há mais de 15 anos, foram elas: *"E vocês, todo o povo da terra, **sejam fortes**", diz o Senhor, "e **trabalhem**, porque eu **estou com vocês**", diz o **Senhor dos Exércitos*** (Ageu 2:4, NAA, grifo nosso).

... **sejam fortes**: o cenário que eles iriam encontrar era de hostilidade, confronto, articulação, para paralisar o projeto, colocando sentimento de frustração e desanimo, procurando ocupá-los para que o templo não fosse reconstruído. Por isso precisam ser persistentes e fortes no objetivo, as forças precisariam ser renovadas de tempos em tempos, essa é uma orientação constante aos remanescentes, ao sacerdote e ao futuro governador do povo, Zorobabel;

... **trabalhem**: a obra era grande, não podia ter procrastinação, mais de 15 anos se passaram, o atraso por investida dos inimigos já afetava toda uma geração, e o quanto antes fosse finalizada, estariam liberados para vivenciar grandes transformações nas famílias;

... **estou com vocês**: esta é uma promessa para todos que são desafiados a realizar os propósitos do Deus Eterno, foi assim com:

Isaque – Após ser expulso de Gerar, e ter aberto poços tomados pelos filisteus.

Gênesis 26:24: *Naquela noite, apareceu-lhe o Senhor e disse: "Eu sou o Deus de Abraão, teu pai; não temas, porque eu sou contigo, e abençoar-te-ei, e multiplicarei a tua semente por amor de Abraão, meu servo".*

Jacó – Promessa de Deus quanto à sua descendência.

Gênesis 28:15: *"Eis que estou contigo, e te guardarei por onde quer que fores, e te farei tornar a esta terra; porque não te deixarei, até que haja cumprido o que te tenho falado".*

Moisés – Quando foi chamado por Deus para resgatar o povo hebreu no Egito.

Êxodo 3:12: *E Deus disse: "Certamente eu serei contigo, e isto te será por sinal de que eu te enviei: quando houveres tirado o povo do Egito, servireis a Deus neste monte".*

Josué – Quando Josué assumiu a liderança do povo hebreu para chegar à terra prometida.

Josué 1:5: *"Ninguém te poderá resistir todos os dias da tua vida; como fui com Moisés, assim serei contigo; não te deixarei nem te desampararei".*

Gideão – Chamado de Gideão para livrar Israel dos midianitas.

Juízes 6:16: *E o Senhor lhe disse: "Porquanto eu hei de ser contigo, tu ferirás aos midianitas como se fossem um só homem".*

Jeremias – Chamado de Jeremias para profetizar para as nações.

Jeremias 1:8: *"Não temas diante deles; porque eu sou contigo para te livrar", diz o Senhor.*

Jeremias 1:19: *"E pelejarão contra ti, mas não prevalecerão contra ti; porque eu sou contigo, diz o Senhor, para te livrar [...] estou com vocês todos os dias até o fim dos tempos".*

Essa mesma proteção e encorajamento Jesus Cristo liberou sobre nossas vidas como indivíduos e igreja. Dessa forma podemos suportar as ameaças, os confrontos, a hostilidade que o mundo (sistema) lança sobre nós, tentando paralisar a obra em nossas vidas e nas vidas dos nossos familiares, amigos, vizinhos, discípulos. Para vivenciar em nossos dias a reconstrução do templo e experimentar o que é bom, perfeito e agradável, é necessário romper com os padrões do mundo (Romanos 12:2), uma marca para essa transformação é manter sempre a hospitalidade e suprir as necessidades dos santos, do próximo; essas necessidades são espirituais, emocionais e até mesmo financeiras, apesar das investidas, dos ataques à fé e à doutrina.

Próximo de finalizar esse segundo momento da profecia, foi declarado: a glória descerá, o Senhor deixa sua assinatura de que está garantido que Ele é o Senhor do Exércitos, que fará intervenções onde for necessário, no céu, no mar, na terra, entre as nações, para que o templo seja cheio da glória. As providencias para erguer o templo virão daquEle que pode todas as coisas, a nossa parte é não parar a obra, seguir trabalhando, sendo fortes (nisso ele também ajuda), lançando fora todo o medo de iniciar e dar continuidade à reconstrução do templo.

Quando desejamos e nos disponibilizamos para uma transformação, dificuldades se levantam. Imagine dedicar tempo no devocional, em cultos no lar, leituras bíblicas, intercessão, jejum, discipulado, estudos, o tempo para essas atividades vai impactar no entretenimento, no descanso, na hora excedente do trabalho. Os comentários e pensamento quando iniciar serão: "como as lutas aumentaram", "como as finanças apertaram", "o tempo ficou mais apertado"; caso isso aconteça, será normal, aumentamos o nível do combate às trevas, então eles se levantam para combater a nossa nova postura de ataque, passamos a ser relevantes e perigosos para as trevas, passamos a ser agentes da missão de Deus, assim, a nossa perseverança e a intervenção do Senhor dos Exércitos dissiparão as trevas, conseguiremos viver no sistema sem sermos influenciados, não viveremos mais os padrões do mundo, mas os padrões do Reino dos Céus.

Aumentamos a luta com nosso corpo físico e com as nossas emoções, mas a garantia do Senhor é que haverá paz nesse lugar, foi essa a promessa (Ageu 2:9), de que haverá providencias financeiras para o projeto ter continuidade. Ele deixa claro no andamento da profecia: "[...] *minha é a prata e o ouro*", por que essa afirmação? Foram levantados ajudadores, patrocinadores com ofertas voluntárias para a reconstrução do templo. Ele garante de todos os lados: físico, emocional, financeiro, mão de obra etc. Então comece agora, pense em uma pessoa para interceder por ela, ore pelo menos três dias, prepare-se para abrir um jejum de mais três dias por essa pessoa, comece um culto familiar em sua casa, marque com os rapazes e as moças em seu condomínio, conduza louvores a Deus, deixe todos bem à vontade. Construa esse momento, convide pessoas para esse momento com a mesma importância de uma comemoração pessoal, e deixe o Espírito Santo mover os corações, coloque propósitos de oração, ore pelas necessidades deles, abrace os carentes e diga que são importantes, comece a construir o seu templo e novos templos surgirão em sua comunidade, e nesse lugar o Senhor ordenará paz.

O grande zelo de Jesus conosco é algo bem definido, e não deixa dúvidas de seu amor, sem comprometer sua justiça, uma vez que se entrega por nós ainda sendo pecadores (Romanos 5:9). Contudo, propõe que devemos negar a nós mesmos, tomar nossa cruz e segui-lo, isso é deixar as nossas vontades e cumprir as d'Ele, "[...] *quem perder sua vida por amor de mim, achá-la-á*" (Lucas 9:24), e por esse amor que queima no peito, nos enviou o consolador, que é o Espírito Santo, capaz de nos convencer do pecado da justiça e do juízo, e nos fará lembrar tudo que Ele tem dito.

CAPÍTULO 3

SANTIFICAÇÃO, O MODELO ESSENCIAL PARA A RECONSTRUÇÃO

Vamos estabelecer um breve paralelo de datas para facilitar o entendimento dentro das profecias de Ageu:

- O início da profecia de Ageu (A convocação para reconstrução) – II ano do reinado de Dário, 1º dia do 6º mês.

- A retomada da reconstrução do templo – II ano do reinado de Dário, 24º dia do 6º mês.

- Terceira profecia de Ageu ao povo judeu (Chamada para santidade) – II ano do reinado de Dário, 24º dia do 9º mês.

Deus foi extremamente observador e estratégico para despertar no povo o retorno para a reconstrução do templo e a retomada do culto. Iniciou com a convocação, alertando sobre as consequências que Israel estava vivendo naquele momento por não se importar com a restauração do templo e com a nação, muito devido ao distanciamento de Deus e da sua vontade. Em seguida, Deus motivou o povo e seus líderes a iniciarem a reconstrução do templo.

Na terceira intervenção, o Senhor acompanha o desenvolvimento da obra prezando pela qualidade na entrega do serviço, a partir da fundação do templo. O começo, ou recomeço, deve ser feito com empenho e santidade!

No dia 24 do 9º mês, do II ano do rei Dário, exatamente 90 dias após a retomada da obra, durante a fundação do templo, o profeta Ageu anuncia ao povo mais uma palavra do Senhor dos Exércitos, e faz uma analogia quanto à necessidade, à importância e ao empenho para santificação:

> *Assim diz o Senhor dos Exércitos: 'Peça aos sacerdotes que decidam a seguinte questão relacionada com a lei:*
>
> *Se alguém leva carne santificada na borda de sua roupa, e ela vier a tocar no pão, ou no cozido, ou no vinho, ou no azeite, ou em qualquer outro mantimento, isso ficará santificado?' E os sacerdotes responderam: — Não.*
>
> *Então Ageu perguntou: — Se alguém que se tornou impuro pelo contato com um cadáver tocar em qualquer dessas coisas, ficará ela impura? E os sacerdotes responderam: — Sim, ficará impura.*
>
> *Então Ageu continuou: — Assim é este povo, e assim é esta nação diante de mim, diz o Senhor. Assim é toda a obra das suas mãos, **e o que ali oferecem: tudo é impuro**.* (Ageu 2:11-13, grifo nosso).

O Senhor, em sua terceira intervenção junto ao povo cativo na Babilônia, orienta que a santificação deve ser iniciada logo no início da obra. É imprescindível na reconstrução do templo um novo posicionamento dos remanescentes, daqueles que colocaram-se à disposição para reconstrução, aqueles que firmaram compromisso de edificar um novo templo a Deus, agora precisam:

separar-se, dedicar-se e serem puros (esses são os significados da palavra Santo – do hebraico *kadosh*), para realizar a missão dada por Deus da maneira como foram chamados: *"Sejam santos porque Eu o Senhor, o Deus de vocês, Sou santo"* (Levítico 19:2).

Da mesma forma que o Senhor se dedica ao seu povo, Ele comunica esse atributo a todos, para que possam realizar o propósito para o qual foram chamados. É o próprio Deus quem usa as mãos do homem, portanto, esse que será usado pelo Senhor precisa ser separado, puro e dedicado. Nessa intervenção por meio da profecia, foi preciso esclarecer ao povo sobre o nível da santidade: é mais fácil se tornar impuro do que puro, a decisão de santificação é imperativa, imediata e precisa de um posicionamento forte, capaz de mobilizar a direção do coração com novas atitudes. A baixa performance espiritual com o coração envolvido por ídolos, e pela preocupação em causa própria, separa-os de Deus, não podendo ser usados para realizar a grande missão proposta: a reconstrução do templo.

São por estes motivos: o egoísmo e a falta da santidade para realizar a obra de Deus, que o suprimento aguardado pelos judeus não era o esperado, suas necessidades não eram atendidas conforme a expectativa, havia um esforço, porém o retorno bem desproporcional ao investido. A falta de dedicação e santidade foram causas que cooperaram para que ocorressem pragas e perdas significativas na plantação. Eles não se importavam ou não percebiam o quanto suas prioridades pessoais e estilo de vida afetavam o que Deus poderia reter ou liberar ao povo judeu.

> *'Eu os castiguei com ventos muito quentes e com pragas nas plantas; os gafanhotos acabaram com as hortas, com as parreiras, com as figueiras e com as oliveiras. Assim mesmo vocês não voltaram para mim'.* (Amós 4:9, NTLH).

Para evitar tais consequências, no mesmo dia em que lançaram o alicerce do templo, foram exortados a atuarem com santidade na obra. Também nesse mesmo dia, confiando no arrependimento e na retomada para reconstruir o templo, foi liberada uma palavra capaz de fazer o povo prosperar:

> 'Ainda há sementes no celeiro? Além disso, a videira, a figueira, a romãzeira e a oliveira não têm dado os seus frutos. **Mas, de hoje em diante eu abençoarei vocês'.** (Ageu 2:19, grifo nosso).

Diante dessa palavra e do novo posicionamento de santidade do povo em erguer o templo, após quatro anos com as obras do templo paralisadas, foi então reconstruído, e experimentaram da prosperidade durante a edificação:

> Os anciãos dos judeus iam **construindo e prosperando em virtude do que profetizaram os profetas** Ageu e Zacarias, filho de Ido. **Reconstruíram o templo e o terminaram segundo a ordem do Deus de Israel** e segundo o decreto de Ciro, de Dario e de Artaxerxes, reis da Pérsia. Terminaram a construção deste templo no terceiro dia do mês de adar, no sexto ano do reinado do rei Dario. (Esdras 6:14, 15, NAA, grifo nosso).

> Assim diz o Senhor dos Exércitos: 'Sejam fortes, todos vocês que nestes dias estão ouvindo estas palavras da boca dos profetas, **a saber, nos dias em que foram lançados os alicerces da Casa do Senhor dos Exércitos, para que o templo fosse construído.**

> Porque, antes daqueles dias, não havia salário para os trabalhadores, nem pagamento pelo trabalho dos animais. Não havia paz para o que entrava, nem

*para o que saía, por causa dos inimigos, porque eu
incitei cada um contra o seu próximo.*

*Mas, agora, não tratarei o remanescente deste povo
como tratei o povo no passado', diz o Senhor dos
Exércitos.*

**'Porque haverá semeadura em paz, as videiras
darão o seu fruto, a terra, as suas colheitas, e os
céus, o seu orvalho. E farei com que o remanescente deste povo herde tudo isso.**

*Casa de Judá e casa de Israel, assim como vocês
foram uma maldição entre as nações, assim agora eu
os salvarei, e vocês serão uma bênção. Não tenham
medo! Pelo contrário, sejam fortes!'.* (Zacarias 8:9-
13, NAA, grifo nosso).

Que sensação maravilhosa de realização viveram esses líderes e os remanescentes após obedecer ao Senhor, submetendo-se à sua vontade, recomeçando por crer na palavra, na promessa, por terem convicção da santidade, da justiça e do poder de Deus. Trocaram o que estava na garantia do seu esforço pela garantia da palavra do Senhor, essa troca veio com muito trabalho, foi preciso abrir mão de conquistas anteriores e da rotina em que estavam, o nome disso é fé. Mas não foi apenas isso, iniciaram a nova jornada, colocaram as mãos na missão com santidade; agora puros, eles sabiam que os resultados que iriam colher eram em favor da nação, do povo, das pessoas.

O momento do pedido de santificação foi o recomeço ao ensino de uma nova geração sobre as condições de Deus para todo aquele que é chamado ao seu propósito. Decorrido desse momento, houve o restabelecimento do culto, da adoração, do sacrifício, da expiação dos pecados, mais pessoas se fortaleceram no relacionamento com Deus, tudo isso provém da santidade, da dedicação e obediência ao Senhor, produzindo benefício ao próximo, às pessoas e às famílias. A santificação deu certo para essa nação, dará certo comigo e com você, não será diferente! Deus tem a mesma disposição em liberar essa mensagem de prosperidade sobre qualquer pessoa que se dedica, santifica-se e tem o Reino de Deus como prioridade. O próprio Jesus Cristo durante o sermão da montanha expressou essa vontade de sua parte, como realmente o Reino funciona: *"Mas busquem em primeiro lugar o Reino de Deus e a sua justiça, e todas estas coisas lhes serão acrescentadas"* (Mateus 6:33).

As preocupações básicas do ser humano: comer, beber, vestir-se, associada a uma mentalidade que pesa as tendências deste século em ter: destaque, status, seguidores, likes, reconhecimento em geral, e a preocupação de uma vida que possa garantir todos os seus desejos e necessidades arrastaram o homem para longe da missão de Deus, não apenas pessoas que não conhecem a mensagem de Cristo, mas também pessoas que declaram sua fé na Bíblia sagrada, nos escritos dos apóstolos. A riqueza nunca será nossa certeza, mesmo que muitos pensem isso, alguns até dizem que não confiam na riqueza para segurança e confiança dos dias futuros, mas a verdade é que a maioria corre para alcançar, a prova disso são os vídeos mais visualizados na internet, entre estes sempre estão os vídeos de mentoria que ensinam a ganhar muito dinheiro.

*Ordene aos que são ricos no presente mundo que não sejam arrogantes, nem ponham sua esperança na incerteza da riqueza, mas em Deus, **que de tudo nos provê ricamente**, para a nossa satisfação. (1 Timóteo 6:17, grifo nosso).*

Essa provisão de Deus é conhecida por muitos, mas na verdade muito se pede, poucos se dedicam e se santificam pelas causas do Senhor, os que recebem é pela poderosa graça. Existem muitas bênçãos retidas, paradas, vitórias adiadas em nossas vidas, o nível de envolvimento com o Reino é pobre, muitos dos que estão trabalhando em ministérios, sua motivação está longe de ser plenamente o Reino de Deus, e podem ser surpreendidos, porque fazem para satisfação do ego, pelo costume, rotina ou ganho pessoal.

Você já deve ter ouvido falar sobre o pecado de Acã (Josué 7), esse homem apossou-se do ouro, da prata e de uma capa babilônica, quebrando a aliança do Senhor, que pediu para destruir e não pegar nada das sobras da cidade de Jericó, mas Acã viu a oportunidade de ajuntar riqueza, de ter vantagem financeira, após uma vitória, e diante da capa babilônica despertou seu desejo de status e reconhecimento.

Poderíamos argumentar que o povo já tinha sido destruído, e que esses valores e vestimentas honrariam o nome do Senhor pela vitória, mas havia uma palavra: "não apanhar as sobras". Quando há uma palavra para ser atendida por meio da fé, e crendo que o Senhor garante o sustento do homem, ele deve obedecer, não importa o valor deixado para trás, não importam os argumentos, a prioridade de Deus é que seu povo atenda à missão e atue de maneira digna, santa, não com foco na riqueza, mas na missão, não no bem-estar, e muito menos na realização do ego, mas observando a grandeza de Deus e a fidelidade para com os chamados e com os remanescentes.

Racionalmente, Acã estava se prevenindo, para ter algum valor disponível em sua conta, para aquisição de terras. Em caso de divisão, litígio ou brigas, estaria respaldado financeiramente para tomar a melhor decisão. Quando se trata de argumentos para ganhar algum valor, para realizar algum tipo de trabalho, mesmo·que venha prejudicar nossa relação e tempo com o Senhor, existem muitas justificativas racionais com apoio incondicional de familiares e amigos. Entretanto, mais a frente percebemos que afetou nossa relação com o Criador, com o nosso Pai. Mais uma vez abro um parêntese aqui, de maneira alguma estou contra alguém trabalhar, ter seu sustento e ser reconhecido no que faz, torno a dizer que é bíblico, como bem destacou o apóstolo Paulo:

> [...] e se empenhem por viver tranquilamente, cuidar do que é de vocês e trabalhar com as próprias mãos, como ordenamos, **para que vocês vivam com dignidade à vista dos de fora, e não venham a precisar de nada**. (1 Tessalonicenses 4:11-12, NAA, grifo nosso).

O nosso cuidado é que o negócio, estudo, trabalho, investimento, o cuidado com as terras, o manter-se, o multiplicar não nos afastem da missão e da santidade. São atribuições necessárias, e por isso mesmo são utilizadas como estratégias e como bons argumentos para justificar a impossibilidade de cuidar do nosso templo espiritual, do nosso tempo para edificar nossa fé em Cristo.

É preciso investir tempo em oração plena, convicta, fervorosa, interceder por vidas, não apenas pelos familiares, filhos, mas vizinhos e outras pessoas que o Senhor colocar em nosso caminho, como foi com o bom samaritano. Ele dedicou ao seu próximo o seu tempo, as suas finanças, realizou o acompanhamento. Sim, isso mesmo! O samaritano, além de fazer uma pausa no seu planejamento do dia para cuidar do próximo, desviando-se do que tinha traçado em seus horários para aquele dia, ainda reservou outro tempo para voltar e saber se estava tudo bem, veja a seguir o texto:

Certo samaritano, que seguia o seu caminho, passou perto do homem e, vendo-o, compadeceu-se dele. E, aproximando-se, fez curativos nos ferimentos dele, aplicando-lhes óleo e vinho. Depois, colocou aquele homem sobre o seu próprio animal, levou-o para uma hospedaria e tratou dele. **No dia seguinte, separou dois denários e os entregou ao hospedeiro**, *dizendo: 'Cuide deste homem. E, se você gastar algo a mais,* **farei o reembolso quando eu voltar'.** (Lucas 10:33-35, grifo nosso).

Nessa passagem, Jesus Cristo, além de explicar quem é o nosso próximo, descreve como deve ser feito: entregar nosso tempo de trabalho, entregar do nosso ganho e fazer o acompanhamento para identificar novas necessidades e a progressão da cura do nosso próximo, impressionante, não? Observe o passo a passo em Lucas 10:33-37, do ensino de Jesus quanto à edificação do templo vivo, que é o ser humano:

1º Dedicar-se às feridas, usando vinho e óleo para curar – É preciso utilizar o que temos para curar as feridas dos que foram maltratados pelo sistema, pelo mundo, pelos ladrões emocionais e físicos, e os principais elementos são: o vinho, que representa o sangue do Cordeiro em nossas vidas. Assim como ele se entregou por nós, podemos, em medida bem desproporcional à entrega de Cristo por nós, nos entregar ao próximo; o segundo elemento usado para curar feridas é o óleo, que representa a presença do Espírito Santo em nossas vidas, que nos capacita e nos lembra de tudo que precisa ser dito quando formos chamados para cuidar, pregar e responder aos que nos chamam e precisam do nosso acolhimento.

2º Usar do próprio animal para locomoção a uma hospedaria – Na parábola, o bom samaritano usa um animal de carga para locomoção, é preciso locomover meu próximo a um lugar seguro, para ser acolhido, tratado por alguém que dê atenção em suas feridas, caso eu não tenha total disponibilidade, os primeiros socorros são essenciais à vida física e espiritual. Porém o cuidado com o tempo de recuperação precisa ter um bom acompanhamento, evitando inflamações e até mesmo o óbito. Fazer os primeiros socorros e não cuidar da recuperação completa do próximo é mantê-lo em risco, o nosso papel é retirá-lo do risco da morte (também espiritual).

3º No dia seguinte, preparou dois denários – Voltar para ver o progresso das feridas, e preparar contribuição para garantir a total recuperação. Paulo, na carta aos Romanos, destaca o dom de contribuir, e quem o tem, que o faça com generosidade; esse valor entregue pelo samaritano estava separado para contribuir há esse fim? O mais provável é que o samaritano tirou de suas reservas, ou ainda deixou de comprar ou fazer alguma aquisição para ajudar ao próximo, dois denários representam dois dias de trabalho, quanto custa dois dias do seu trabalho? Se alguém tiver precïsando, consegue contribuir?

4º "Se gastar algo mais, farei o reembolso quando voltar" – Esse é um posicionamento e sentimento de responsabilidade com a vida, nada que estiver no alcance para salvar alguém pode faltar, o que importa é a recuperação, é sarar feridas, sendo necessário mais contribuição, mais tempo, mais acolhimento, mais amor, faça!

No fim do ensinamento ao intérprete da lei, Jesus exclamou: *"Vá e faça o mesmo!"*. Essa afirmação é para mim e para você, porém nos esquivamos dessa responsabilidade igual ao jovem rico, sabemos muito, mas entregamos pouco, entregar o que é preciso ao próximo é colocar à disposição o que temos: o vinho, o sangue do cordeiro sobre nossas vidas; o óleo armazenado, a nossa unção que deve estar à disposição.

Perceba que o homem necessitado foi relacionado ao próximo do bom samaritano. O homem semimorto não foi o próximo do sacerdote e do levita, porque estes passaram de lado, não tiveram compaixão, todas as vezes que deixamos de lado uma pessoa, ela deixa de ser nosso próximo e perdemos a oportunidade de sermos santo (separado) na missão do Senhor. Muitos não sabem a quem ajudar, ficam se perguntando como fez o intérprete da lei: "Quem é meu próximo?". Fazendo-se de desentendido? Procurando ganhar tempo? Ou sem entendimento da realidade? Cada um deve refletir e tomar sua direção em obedecer ao princípio para herdar a vida eterna. Lembra-se da pergunta inicial nessa parábola? O que farei para herdar a vida eterna?

Você pode estar se perguntando: "O que esse contexto tem a ver com a santidade? Não posso dizer que sou santo, separado, exclusivo de Deus se me encontro totalmente envolvido em meus projetos pessoais. Santidade é o conjunto de atitudes para dedicação aos princípios de Deus. Muitos fazem analogia à santidade: a não idolatria, abster-se de imoralidades e mentiras, não é apenas isso! Ser santo, como o Senhor é santo, e poder ver ao Senhor, é viver em obediência ao chamado; assim foi na parábola dos talentos, quem despreza e não usa seu dom no Reino é visto como servo inútil, e o destino são trevas, conforme Mateus 25:30.

Vivemos em santidade não quando louvamos, aplaudimos, oramos, mas sim quando obedecemos em sua forma de amar: ame ao Senhor com todo seu entendimento, com todo seu coração, com toda a sua força, com toda a sua alma, e AME ao próximo como a TI mesmo. É muito claro, mas não conseguimos entender. Por que, da mesma forma que Cristo nos amou se entregando em morte e morte de cruz, devemos fazer o mesmo pelo nosso próximo, fazer pelo próximo é ir mais além que fazer por quem amamos, se fazemos apenas para quem amamos que diferença temos com os pecadores? Ele se entregou por nós ainda sendo nós pecadores.

Deus fiscaliza sua obra para ser entregue com mãos puras, santas, separadas, nada do que realizamos sem santidade, sem amor, nada do que entregarmos ao Senhor que não tenha amor pelos perdidos, pelos necessitados, será recebido, foi exatamente esse alerta que o Senhor fez à igreja de Éfeso; retornar ao amor do princípio, ao amor que cultiva a essência da intimidade, é impossível dizer que ama a Deus e não poder cuidar de alguém, apenas de si; se não amo a quem eu vejo, se não posso fazer nada por alguém, como posso amar a Deus, a quem eu não vejo, como posso fazer alguma coisa para Deus com todo meu coração?

> *'Porém tenho uma coisa contra vocês: é que agora vocês **não me amam como me amavam no princípio**. Lembrem do quanto vocês caíram! **Arrependam-se dos seus pecados** e façam o que faziam no princípio. Se não se arrependerem, eu virei e tirarei o candelabro de vocês do seu lugar'*. (Apocalipse 2:4:5 NTLH, grifo nosso).

> *Se alguém disser: 'Amo a Deus', mas odiar o seu irmão, esse é mentiroso. Pois quem não ama o seu irmão, a quem vê, não pode amar a Deus, a quem não vê. **E o mandamento que dele temos é este: quem ama a Deus, que ame também o seu irmão.*** (I João 4:20-21 NAA, grifo nosso).

Como nos comportamos quando estamos no primeiro amor? Oramos por várias pessoas, saímos para evangelizar, para falar do amor com o qual Jesus nos trata, como Ele nos perdoa e quanto de alívio isso nos traz. Compartilhamos isso, buscamos entender sua palavra, meditamos dia e noite, o conhecimento sobre Cristo nos atrai, e à medida que aprendemos, procuramos repartir, nossa sensibilidade com os perdidos é grande e queremos que Deus alcance a eles.

Quando nossos familiares não têm experiência com Jesus, sentimos piedade deles, mesmo enquanto eles pensam que estamos fanáticos, porque agora compartilhamos e lutamos para que eles descubram o que sentimos nessa nova vida, a melhor experiência possível, e não importa ser rotulado de: "agora é crente", "virou crente, e agora está ficando lunático". Nesse primeiro amor, muitas ideias são ativadas, uma delas é identificar qual o nosso ministério e querer ser usado por Deus, não podemos perder essa essência exigida à igreja de Éfeso.

Não vai adiantar entoar louvores, pregar, reger, coreografar, escrever, expulsar demônios, combater falsos profetas, ensinar doutrina, ganhar muito dinheiro, lutar pela sobrevivência se não cuidarmos de vidas, se não curamos as feridas; se não houver amor, nada serei.

Santidade é obediência aos mandamentos de Deus, veja o caso de Saul, quando o Senhor ordenou a ele que destruísse tudo dos amalequitas (I Samuel 15), porém desobedeceu, trazendo animais, cordeiros, bois, ovelhas e o que achou de bom. Saul cometeu uma desobediência em sua missão, e sem nenhum compromisso ao propósito, optou por aumentar suas posses, argumentando que temeu ao povo:

> Então Saul disse a Samuel: — Pequei, pois transgredi o mandamento do Senhor e as palavras que você falou; porque temi o povo e dei ouvidos à voz deles. (I Samuel 15:24, NAA).

Saul foi separado para uma missão, contudo desobedeceu por ser racional, pela razão, trazer os animais bons ajudaria na alimentação e manutenção do seu reinado, essa é a mesma mentalidade que influenciou os judeus durante o exílio, e nos influencia na atualidade. Em nossa razão, armazenar para não passar necessidade e conseguir prover as demandas sociais é bem coerente, mas para Deus não é assim, observe a seguinte passagem do rico tolo:

> *E Jesus lhes contou ainda uma parábola, dizendo: '— O campo de um homem rico produziu com abundância.'*
>
> *Então ele começou a pensar: 'Que farei, pois não tenho onde armazenar a minha colheita?'*
>
> *Até que disse: — Já sei! Destruirei os meus celeiros, construirei outros maiores e aí armazenarei todo o meu produto e todos os meus bens.*
>
> *Então direi à minha alma: 'Você tem em depósito muitos bens para muitos anos; descanse, coma, beba e aproveite a vida.'*
>
> *Mas Deus lhe disse: 'Louco! Esta noite lhe pedirão a sua alma; e o que você tem preparado, para quem será?'*
>
> *— Assim é o que ajunta tesouros para si mesmo, mas não é rico para com Deus.* (Lucas 12:16-21, NAA).

Os princípios do Senhor são contrários ao do sistema que foi corrompido pelo maligno por meio de teorias, religiões e do próprio ateísmo. Para Deus, vale ajuntar tesouros no céu, e para ajuntar esses tesouros no céu, só conseguimos com santidade, mas quais são esses tesouros? Descartamos logo de início a riqueza, esta a traça corrói e os ladrões roubam. O texto fala em ser rico para com Deus e não ajuntar riqueza para si. A riqueza é negativa quando o ser humano abandona a dependência e o temor a Deus, quando a riqueza não é devolvida ao Reino dos Céus, ou seja, a riqueza precisa ser investida no Reino, nas pessoas, não é amar só de palavras, mas de atitudes, essa atitude passa por dedicar tempo e recursos, conforme apresentado na parábola do bom samaritano, que abordamos anteriormente.

Armazenar, ter fundo de investimentos, imóveis para proteger o futuro, de nada adianta se não formos ricos para com Deus, e ser rico diante de Deus é cuidar dos seus pequeninos, do nosso semelhante, quem será o seu próximo? Por quem você irá separar um tempo para orar? O que vai deixar para depois quando encontrar alguém para ajudar e acompanhar sua recuperação? Como você está hoje com Jesus? Está cheio, cheia do Espírito Santo? Ao ponto de poder transmitir a pregação da cruz para transformar a vida de alguém, cooperando para a reconstrução do templo vivo? Uma boa intensão não vai importar para Deus, Saul pensou logicamente, foi pela razão, e foi desaprovado por Deus. O que importa para Deus é obedecer ao chamado, à missão para a qual fomos escolhidos, e não foi apenas para cuidar de si próprio, construir, adquirir, montar armazéns que ele nos chamou.

Hoje, chamamos Jesus para abençoar nosso trabalho, nossa empresa e, assim, sermos próspero, quando na verdade deveríamos colocar nosso trabalho, empresa e bens à disposição do Reino. Para sermos abençoados, a mentalidade é reversa e de difícil compreensão, principalmente com a formação que temos impregnada em nossas mentalidades pelos sistemas babilônico e greco-romano, que deixaram sequelas para compreender os princípios de Deus: onde o escravo é livre, e o que pensa ser livre é escravo do pecado, porque somos livres na mente, e como somos na mente, somos no corpo. Mas os teóricos, por meio da ética existencialista, hedonista, humanista, racionalista, materialista e outras teorias, provocaram uma cisão na doutrina da fé e, consequentemente, na crença em um Deus sobrenatural, que tudo pode, tudo provê dentro dos seus princípios de soberania e santidade. Crer de maneira natural na proposta de Deus ao ser humano é mexer com as limitações impostas ao homem: primeiro pelo pecado, segundo pela construção ao longo dos séculos do príncipe deste mundo, que cegou o entendimento de muitos, e mesmo dos que alcançam a redenção, pois suas mentes foram atrofiadas, necessitando de uma grande regeneração. Tal regeneração é possível a todos que chegam no conhecimento pleno da verdade, mas é preciso realizar uma profunda transformação mental, um verdadeiro reset, eliminando as programações e os limites impostos pelo secularismo e influências por meio da tecnologia, do entretenimento, dos negócios, dos conteúdos diversos, dos conflitos, da moda, do consumo e dos vícios.

> *Portanto, meus irmãos, por causa da grande misericórdia divina,* **peço que vocês se ofereçam completamente a Deus como um sacrifício vivo, dedicado ao seu serviço e agradável a ele.** *Esta é a verdadeira adoração que vocês devem oferecer a Deus.* **Não vivam como vivem as pessoas deste mundo, mas deixem que Deus os transforme por meio de uma completa mudança da mente de vocês.** *Assim vocês conhecerão a vontade de Deus, isto é, aquilo que é bom, perfeito e agradável a ele.* (Romanos 12:1:2, NTLH, grifo nosso).

Que passagem rica! Mas antes de finalizar este capítulo com as observações desse texto, pondero sobre dois possíveis pensamentos que o leitor pode vir a interpretar sobre a exposição deste mesmo capítulo. Precisamos quebrar aqui paradigmas, então vamos ao primeiro deles:

1º) A disponibilidade de uma pessoa ao ide de Jesus não se refere a fazer voto de pobreza semelhante aos frades franciscanos, a explanação em não se preocupar e priorizar a riqueza não tem a ver em abrir mão de uma mordomia, até porque nosso Deus é o dono de toda riqueza, e quer ver cada um de seus filhos prosperando, satisfazendo-se de uma moradia adequada, de uma alimentação e vestuário que honre seu nome. Porém Ele quer que seus filhos também cuidem de seus irmãos e dediquem-se a eles, que prosperem sem tirar do Senhor seu tempo de edificação com o Pai, e creiam que Ele pode mover céus, terra e nações para realizar a provisão dos seus filhos. Devemos crer que o Criador, no seu devido tempo e ciente dos pedidos dos filhos, virá com o que é bom, perfeito e agradável. Deus é capaz de agregar valor a uma empresa, despertar uma ideia que produza recursos, ele mesmo pode movimentar pessoas para comprar, trazer recursos e oportunidades, baixar juros, melhorar negociações. É Deus que faz a semente brotar da terra e ordena que as árvores deem seus devidos frutos, quando uma pessoa tem prioridades com Deus, Deus tem prioridade com essa pessoa. Que sejamos a boa terra e entreguemos o bom fruto!

2º) A dúvida sobre as possibilidades e impossibilidades criadora e provedora por parte de Deus é imposta pela nossa condição de pecador, mas em Cristo somos novas criaturas, as coisas velhas se passaram, eis que tudo se faz novo, quando acontece uma mudança que restaura nosso relacionamento com Deus; para agradá-lo, é preciso usar a fé. A razão e a lógica são mecanismos que Deus possibilitou aos homens, por meio do conhecimento, para as decisões naturais; contudo, para vivenciar o novo de Deus e uma condição sobrenatural capaz de surpreender a nossa volta, é preciso usar a fé em muitos momentos. Ter fé não é ser irracional, a fé tem suas evidências, aos homens naturais não é suficiente, porque se apegam à ciência e ao próprio conhecimento. Entretanto a confiança e a intimidade com Deus rompem com as concepções naturais, então esse é o momento de viver a nova vida, crendo que Deus nunca abandona os seus, que não estamos sozinhos e que os acontecimentos inesperados que garantam paz de espírito podem ser vivenciados a todos que crerem; porém é preciso mudar de mentalidade, ter novos pensamentos, conforme o texto de Romanos 12:1-2.

Para vivenciar novos dias, em primeiro lugar precisamos crer que Deus é galardoador de todos que o buscam, ou seja, ele recompensa a todos que vêm até Ele, *"de maneira nenhuma aquele que vier a mim o lançarei fora"*. Mas não para por aí, é preciso dedicação ao serviço de Deus. Em Lucas 12:42, Jesus nos chama de mordomo fiel e prudente, a quem Ele deixará encarregado de alimentar os demais servos da casa; este será feliz em cumprir com a missão e responsabilidade confiada. Como o mordomo fiel desfruta das riquezas do Senhor, porém as motivações e os desejos são diferentes deste mundo, viver em santidade é agradar a Deus em nosso chamado e propósito, fazendo o que foi ordenado da maneira certa, colocando nossos talentos à sua disposição, confiando que o resultado não virá pelo nosso braço, mas pelas mãos e vontade do Senhor. Cuidar do próximo com amor e anunciar sua salvação a todos os povos, línguas e nações, para isso somos separados, e além de mordomos fiéis, também nomeados a embaixadores de Cristo, promulgando sua palavra com fé.

Para todas essas coisas o fundamento é a fé, que nos leva à santidade, o propósito é reconstruir o templo vivo para adoração a Cristo, restabelecer o culto, que é o nosso serviço. E a quem servimos? A Deus! Mas como servimos a Deus? Edificando a outras pessoas. Essa passagem de Romanos reflete bem a profecia de Ageu. Quando houver essa transformação em não viver os padrões deste mundo, deixando de ser concentradores, acumuladores, pedintes, egoístas, individualistas e cuidar das coisas do Reino, nos alegraremos em experimentar a boa, perfeita e agradável vontade de Deus. Vá e dê frutos, e que o vosso fruto permaneça, porque aquele que não der frutos, o Pai corta, mas aquele que dá frutos, ele poda, para que dê mais frutos ainda.

> *'Não foram vocês que me escolheram; pelo contrário, eu os escolhi* **e os designei para que vão e deem fruto, e o fruto de vocês permaneça, a fim de que tudo o que pedirem ao Pai em meu nome, ele lhes conceda. O que eu lhes ordeno é isto: que vocês amem uns aos outros'.** (João 15:16-17, NAA, grifo nosso).

Durante esse período de reconstrução do templo, Deus usa outro profeta chamado Zacarias, o significado do seu nome pode ser indicado como "Deus lembra", fazendo menção que mesmo distante de Deus, Ele se lembra dos seus filhos. Em uma das profecias de Zacarias, o Senhor deu uma instrução ao povo nos dias que foram lançados o alicerce do templo:

> *Assim diz o Senhor dos Exércitos: 'Sejam fortes, todos vocês que nestes dias estão ouvindo estas palavras da boca dos profetas,* **a saber, nos dias em que foram lançados os alicerces da Casa do Senhor dos Exércitos,** *para que o templo fosse construído'.* (Zacarias 8:9, NAA, grifo nosso).

No dia da fundação do templo, o Senhor usou Ageu pedindo santidade, alertando da facilidade da impureza e o quanto a santidade custava dedicação e intimidade para gerar o agrado de

Deus nas obras de suas mãos. Nos dias desse acontecimento, o profeta Zacarias levou uma palavra para que os remanescentes a aplicassem, e todas as orientações estavam ligadas ao cuidado com o seu próximo, acompanhe:

> *Eis as coisas que vocês devem fazer: 'Que cada um fale a verdade com o seu próximo. Nos tribunais, julguem com justiça, segundo a verdade, em favor da paz. Que ninguém faça planos para prejudicar o seu próximo, nem ame o juramento falso, porque eu odeio todas estas coisas', diz o Senhor.* (Zacarias 8:16-17, NAA).

Que impressionante o que Deus vem fazendo com esse povo para cumprimento da missão, sua vontade era de usá-los, que eles fossem participantes de cada momento com toda santidade e comunhão com o Criador, é marcante esse momento para todos, no mesmo instante em que o Senhor usa Ageu sobre a separação para realizar sua obra, usa também Zacarias para direcionar os remanescentes quanto às decisões e aos tratamentos com o seu próximo, mostrando que sem santidade não é possível agradar ao Senhor. Quando estamos em comunhão com o Senhor, empenhamos atitudes que promovem a paz diante dos nossos familiares, amigos, vizinhos e semelhantes. Todas as orientações estão relacionadas com relacionamento:

- Falar a verdade com seu próximo, ou seja, não mentir.
- Ser justo diante dos acontecimentos, justiça nos tribunais, não fazer falso testemunho.
- Não fazer planos para prejudicar seu próximo, aqui a abordagem é imensa: o que pode prejudicar alguém? Adultério, corrupção, atitudes fraudulentas, falta de misericórdia, justiça com as próprias mãos, vingança, ódio, inveja?

O apóstolo Paulo, aos Colossenses, aborda bem a questão da santidade, fazendo uma analogia entre a velha natureza e a nova natureza, primeiro sobre a velha natureza:

> *Portanto, façam morrer tudo o que pertence à natureza terrena: imoralidade sexual, impureza, paixões, maus desejos e a avareza, que é idolatria; por causa destas coisas é que vem a ira de Deus sobre os filhos da desobediência.* (Colossenses 3:5, NAA).

> *Agora, porém, abandonem igualmente todas estas coisas: ira, indignação, maldade, blasfêmia, linguagem obscena no falar.* **Não mintam uns aos outros uma vez que vocês se despiram da velha natureza** *com as suas práticas e se revestiram da nova natureza que se renova para o pleno conhecimento, segundo a imagem daquele que a criou.* (Colossenses 3:8-10, NAA, grifo nosso).

A santidade não é apenas ausência do pecado, como mencionado anteriormente. Paulo traz com clareza que a santidade tem relação com o nosso próximo na linguagem, no sentimento de avareza, de retenção para utilização própria. Aquele que nada compartilha ou que sente muita dor no entregar, no cooperar com dinheiro ao Reino, às pessoas que podem ser seu próximo e não são, porque não compartilham. Vimos bem isso, o avarento senti dor, é um idólatra, ama mais ao dinheiro do que a família, ama mais ao dinheiro do que a Deus.

Quanto à nova natureza, Paulo vai expor que para viver em santidade, é preciso se revestir de grande compaixão, de bondade, humildade, mansidão, suportar uns aos outros, viver com as diferenças. Mas o que é viver com as diferenças? Imagine pessoas casadas, imagine pessoas com hábitos que não aprovamos em nossa casa ou trabalho. Claro que podemos ensinar e promover novos hábitos, porém evitando o desentendimento, o divórcio, a vingança, a mágoa, nossa decisão em ser santo pode atrair essas pessoas para a presença de Deus. Perceba que muitas atitudes estão ligadas ao relacionamento com o outro, então vamos ser santos, do contrário, não veremos a Deus!

Entenda mais uma vez que tudo isso vai atrair pessoas ao Reino dos Céus, vai edificar vidas, reconstruir templos, ajustar rotas e levar vidas ao caminho de salvação, somos aqueles que usados por Deus direcionamos pessoas, casas e famílias em direção Àquele que é o Caminho, a Verdade e a Vida, Jesus, ele mesmo convida:

> *'Que o coração de vocês não fique angustiado; vocês creem em Deus, creiam também em mim.* **Na casa de meu Pai há muitas moradas. Se não fosse assim, eu já lhes teria dito. Pois vou preparar um lugar para vocês.**

> *E, quando eu for e preparar um lugar, voltarei e os receberei para mim mesmo, para que, onde eu estou, vocês estejam também'.* (João 14:1-3, NAA).

Por que Deus se afastou de Israel e Judá? Pela falta da santidade, por causa da dureza do coração, por pecarem e se afastarem do Senhor, a perspectiva de voltarem de coração eram nulas, foram corrompidos; agora o Senhor propõe a reconstrução da relação estabelecendo as doutrinas, o culto, a adoração e a comunhão, usando de misericórdia e perdão, contudo exige a separação, a santificação dos remanescentes e liderança, quando isso acontece há o restabelecimento da relação com Deus, toda essa misericórdia, provocação a abandonar o sistema babilônico e os costumes adquiridos reverte-se na reconstrução do templo e garantia da promessa: *"A Glória da Segunda Casa será Maior do que a Primeira"*. O que acontece então? Com o povo no prumo e Deus mantendo sua promessa, as nações são atraídas por esse Deus misericordioso e percebem a transformação de Israel. O Senhor, usando Zacarias, diz:

> *Assim diz o Senhor dos Exércitos: 'Naqueles dias,* **dez homens, de todas as línguas das nações, pegarão, sim, pegarão na borda da roupa de um judeu e lhe dirão:** *'Queremos ir com vocês, porque ouvimos que Deus está com vocês'.* (Zacarias 8:23, NAA, grifo nosso).

Esse texto tem um importante significado teológico: não apenas os judeus, mas também os gentios (não judeus) buscarão o Senhor. É uma visão da inclusão das nações no plano redentor de Deus, no qual Jerusalém se torna um centro espiritual para todos os povos. Eles virão Jerusalém não por imposição, mas porque reconhecerão a presença de Deus entre o seu povo. Quanto aos dez homens das nações, simboliza a universalidade das nações que pegarão na borda do manto do judeu, o que representa um sinal de respeito, reconhecimento em conviver da mesma bênção e promessas dos judeus, esse manto também faz menção aos mandamentos do Senhor, o que faz com que os povos se submetam às doutrinas e aos mandamentos estabelecidos por Deus.

> *Fala aos filhos de Israel e dize-lhes que nas bordas das suas vestes façam franjas, pelas suas gerações; e nas franjas das bordas porão um cordão azul.*
>
> *E nas franjas vos estará, para que o vejais, e vos lembreis de todos os mandamentos do Senhor, e os façais; e não seguireis após o vosso coração, nem após os vossos olhos, após os quais andais adulterando.*

Para que vos lembreis de todos os meus mandamentos, e os façais, e santos sejais a vosso Deus. (Números 15:38-40, ARC).

Com o perdão de Deus em nossas vidas e a decisão pela santidade para realizarmos uma obra com sua aprovação, não apenas haverá comunhão com Deus que libera sobre as nossas vidas toda paz possível, toda prosperidade possível, toda saúde possível, uma colheita acima da média da plantação, haverá uma colheita ainda maior: a de vidas, almas restauradas, porque estamos realizando nossa missão de ganhar, ensinar, discipular, contribuir e interceder.

CAPÍTULO 4

CHAMADOS PARA LIDERAR

Todo projeto, para alcançar seu propósito, precisa ter o líder, este, por sua vez, deve guiar a todos de acordo com as normas e qualidades exigidas para o cumprimento da missão, procurando motivar os selecionados, evitando baixas, conflitos e o menor nível de desgastes no grupo. Deus sempre honrou o homem proporcionando, em vários momentos, um protagonismo que glorificasse seu nome na vida do líder escolhido, Ele sempre fez isso: levantar líderes para seus propósitos, isso acontece desde do Éden. Sem dúvidas Deus é um grande formador de liderança, Ele tem a maior escola de líderes: Adão, mesmo com a queda, foi um grande líder, capaz de cuidar dos animais de toda a Terra, até cometer o pecado original, foi capaz de ensinar a Abel o desejo de buscar a Deus. Noé, Abraão, Moisés, Josué, Calebe, Samuel, Davi, Salomão, Elias, Eliseu, Isaías, Natã, grandes líderes chamados para comprimir Sua missão... Com Jesus não foi diferente, passou anos para treinar: Pedro, Mateus, Tomé, João, Tiago, André, Filipe, Bartolomeu, Simão... homens que mudaram e interferiram em pessoas, cidades e governos. Deus nunca teve medo de lançar e levantar lideranças, ainda que inicialmente esses escolhidos apresentassem dificuldades emocionais, financeiras e familiares, essas coisas nunca foram empecilhos para Deus levantar e transferir responsabilidades.

Para a reconstrução do templo não foi diferente, Deus preparou dois grandes líderes com papéis bem definidos para conduzir sua missão. No mesmo dia da profecia ao povo intervindo sobre santidade durante a fundação do templo, mais precisamente no dia 24 do 9º mês, no segundo ano do rei Dário, como vimos, 90 dias após a primeira profecia de Ageu, Deus convocou o povo para retornar à sua nação, às origens, quebrando o jugo do exílio, tendo como promessa a prosperidade da nação. Zorobabel, nesse dia, foi impactado pelo Senhor por meio de sua palavra; disse o Senhor, através do profeta Ageu, a Zorobabel:

'Fale a Zorobabel, o governador de Judá: **'Farei tremer o céu e a terra. Derrubarei o trono dos reinos e destruirei a força dos reinos das nações.** *Destruirei os carros de guerra e os que andam neles; os cavalos morrerão e os seus cavaleiros matarão uns aos outros. Naquele dia, diz o Senhor dos Exércitos, tomarei você, Zorobabel, filho de Salatiel, você que é meu servo, diz o Senhor,* **e farei de você um anel de selar, porque eu o escolhi', diz o Senhor dos Exércitos.** (Ageu 2:20-23, NAA, grifo nosso).

Que momento impactante! É preciso ter muita sensibilidade aqui. Porque esse momento da chamada, da escolha e da transferência de autoridade para o líder prosseguir no cumprimento da missão é fundamental. O líder precisa de confiança e convicção ao propósito, para vencer conflitos e possíveis interrupções no processo, esse momento cria no líder a resistência para não abandonar a missão e os princípios para alcançá-la. A comunicação direta com Zorobabel transmite à equipe o quanto a responsabilidade está nas mãos do líder, a equipe tem a percepção com clareza da aprovação e escolha de quem direciona os trabalhos e a execução. E, por fim, esclarece o quanto Deus deposita sua confiança ao líder e em sua equipe, derramando a unção para a entrega do propósito.

A palavra foi clara e direcionada, de modo transparente, Deus estabelece o líder e fala diretamente com ele, para que todos identifiquem quem está à frente da missão. Também é notável, na exposição, que o Senhor vai atuar de maneira permanente com seu poder, para que o propósito seja estabelecido: *"Farei tremer o céu e a terra. Derrubarei o trono dos reinos e destruirei a força dos reinos das nações"*. O Senhor já tinha pronunciado sobre seu poder durante a missão, que os remanescentes não trabalhariam sozinhos, todas as vezes que for preciso, haverá a intervenção para desfazer as dificuldades. Na segunda profecia, no 21º dia, do segundo ano de Dário, o Senhor já havia declarado providências financeiras para a execução da obra, para o retorno dos utensílios do templo e a mobilização para doações.

> *'Farei tremer todas as nações, e **serão trazidas as coisas preciosas de todas as nações**, e encherei este templo de glória, diz o Senhor dos Exércitos. **Minha é a prata, meu é o ouro'**, diz o Senhor dos Exércitos.* (Ageu 2:7-8, NAA, grifo nosso).

Diretamente a Zorobabel, o Senhor confirma suas palavras, uma forma de eliminar a dúvida do coração do líder, Deus traz a convicção ao líder, afirmando que está próximo e participando de toda a missão: convocando, mobilizando, orientando, financiando, nomeando e intervindo.

Não para por aí, Deus dirige mais algumas palavras a Zorobabel, para fortalecer sua liderança e aumentar sua convicção: *"[...] você é meu **servo**, farei de você um **anel de selar**, porque eu o escolhi"* (Ageu 2:23, grifo nosso), diz o Senhor dos Exércitos.

O líder como servo. O Senhor vê em Zorobabel a qualidade de servo. Essa é uma das características que Deus considera para a escolha de um líder. No secularismo, o líder é bajulado, suas ordens devem ser seguidas e não importa muito sua conduta, mas o seu conhecimento. Valoriza-se sair do ponto A até B com maior lucratividade, então se o líder não é carismático com seus liderados, isso não é fator preponderante, muito menos se esse líder serve à sua equipe. Jesus vai colocar em prática os conceitos do Pai sobre liderança:

> *'Vocês me chamam de 'Mestre' e de 'Senhor' e têm razão, pois eu sou mesmo. Se eu, o Senhor e o Mestre, **lavei os pés de vocês, então vocês devem lavar os pés uns dos outros. Pois eu dei o exemplo para que vocês façam o que eu fiz.** Eu afirmo a vocês que isto é verdade: o empregado não é mais importante do que o patrão, e o mensageiro não é mais importante do que aquele que o-enviou. Já que vocês conhecem esta verdade, **serão felizes se a praticarem.** Não estou falando de vocês todos; **eu conheço aqueles que escolhi.** Pois tem de se cumprir o que as Escrituras Sagradas dizem: 'Aquele que toma refeições comigo se virou contra mim'.* (João 13:13-18, NLTH, grifo nosso).

Conceitos de liderança de Cristo:

1. ...Vocês me chamam de "Mestre" e de "Senhor" e têm razão, pois eu sou mesmo... – Sempre reconhecer a figura do líder. O líder precisa ter convicção de ser aquele que irá direcionar, aquele que foi escolhido para a missão sem a crise emocional ou de identidade, alguns líderes se perguntam: "Como sou eu o líder?". Isso não é bom diante da equipe, e não é bom diante de Deus. A escolha vem do alto, o Senhor deixou como exemplo: *"Eu conheço a quem escolhi".* Então, domine seu chamado, a isso chamamos: ter convicção do chamado para liderar bem na missão.

2. ...lavei os pés de vocês, então vocês devem lavar os pés uns dos outros... – Aqui é literalmente liderar pelo servir, tornar-se menor, para ser o maior (falamos nisso mais à frente), da mesma forma daquele que envia realiza o servir, o líder escolhido deve fazer, ter a mesma essência, buscar a sensibilidade de transformar pessoas, limpar os pés uns dos outros, é mais do que o cuidar. Servir é participar da limpeza daqueles com quem se anda, e que estão juntos em direção a uma missão, é participar do crescimento de alguém, sem se importar com o seu, nesse momento, o melhor é ser o menor, a isso chamamos de humildade. Por isso que o Senhor vai dizer: *"Felizes se a praticarem"*, porque todo esse princípio de liderança, para ser aplicado, vai depender dessa característica do líder, a humildade. Jesus, no sermão da montanha, comunica: *"Feliz os humildes que herdarão o Reino dos Céus"* (Mateus 5:3). Para direcionar pessoas, o líder não pode se perder no caminho, se isso acontece, todo o grupo correrá riscos, a rota só poderá ser modificada por aquele que nomeou o líder, então, o líder também serve àquele a quem o enviou, aumentando a necessidade em ser humilde. Essa característica promove, por meio do líder, a conexão da equipe com quem o chamou, impedindo rompimentos e extravio da missão:

> *'Pois eu desci do céu para fazer **a vontade daquele que me enviou e não para fazer a minha própria vontade**. E a vontade de quem me enviou é esta: que nenhum daqueles que o Pai me deu se perca...'.* (João 6:38-39 NLTH, grifo nosso).

3. ...o mensageiro não é mais importante do que aquele que o enviou... – Sempre reconhecer quem chama ou envia, o mensageiro tem o modelo daquele a quem o enviou, com muitos conteúdos, para alcançar o propósito definido, por isso o mensageiro ou líder designado à missão não pode ser maior do aquele que o envia. Eliminar vaidades, tratar possíveis características de narcisismo, orgulho, pessoas que procuram o destaque, uma coisa é ter sobre si a unção em alguma área que diferencie sua atuação, isso vem de Deus. Outra coisa é gerar no coração ser melhor e maior que seu enviado, isso vem de Lúcifer, a síndrome de Lúcifer, normalmente esse comportamento promove rompimento, que, por sua vez, trará desentendimento, morte (ainda que espiritual) e divisão. Quando Jesus compara, que o empregado não pode ser maior que o patrão, é fazer conforme o planejado, dentro das condições direcionada, evitando exposições do patrão, o qual confiou uma missão ao seu escolhido. Chamamos isso de fidelidade, e dentro de fidelidade sempre vai existir o compromisso.

Todo esse conceito é reforçado pelo próprio Jesus em Lucas 22:

> *Houve também entre eles uma discussão sobre qual deles parecia ser o maior. Mas Jesus lhes disse: — Os reis dos povos dominam sobre eles, e os que exercem autoridade são chamados de benfeitores.* **Mas vocês não são assim; pelo contrário, o maior entre vocês seja como o menor; e aquele que dirige seja como o que serve.** *Pois qual é maior: aquele que está à mesa ou aquele que serve? Não é verdade que é aquele que está à mesa?* **Pois, no meio de vocês, eu sou como quem serve.** (Lucas 22:24-27, NAA, grifo nosso).

Jesus compreendeu bem os discípulos quando quiseram ser maiores uns sobre o outro, a mentalidade deles era influenciada pelo sistema, pelo secularismo, ainda estavam se desintoxicando no método de pensar. Realmente precisava haver um líder no grupo, contudo Cristo vai estabelecer as diferenças de ser um líder na forma secular e um líder no Reino dos Céus, e faz as devidas analogias:

1. No secular, quem detém a autoridade é visto como benfeitor, falam dele, cercam-no e o destacam, mas a minha liderança é diferente; o destaque vem pelo serviço, vem pelo trabalho, vem pelo servir a outros, e isso deve começar dentro do grupo.

2. O exemplo de liderança Sou Eu, disse Cristo, e não as autoridades estabelecidas no mundo, ainda que tenham líderes mundiais e liderem sociedades, a maneira correta de liderar é a minha, faço para que vocês também deem o exemplo com as suas equipes, não estou sentado em mesa e envolvidos em banquetes, como os líderes do mundo, mas estou aqui com vocês, servindo a cada um, esse é o modelo. Eu sou o modelo, transmitam; sirvam a mesa em vez de estarem na mesa, andem junto observando as necessidades, sejam elas de quaisquer naturezas: financeira, emocional ou circunstanciais.

O modelo de liderança de Cristo choca com o modelo existente no sistema que valoriza competências, mas o modelo de Cristo prioriza valores e necessidades. Enquanto um líder secular é escolhido pelas habilidades de comunicação, uso de ferramentas, intelectualidade, conhecimento de processos, o líder de Deus será escolhido para uma missão, pela sua qualidade de servir, pela sua humildade de aprender e ensinar, e pela sua fidelidade.

Os frutos dessas escolhas também serão bem diferentes, enquanto o bom líder secular entrega frutos de resultado financeiros, porém com grande desgaste emocional e sem nenhuma preocupação espiritual com seu time, o líder de Deus entrega pessoas mais estabelecidas emocionalmente, maduras espiritualmente e o resultado financeiro vem do entendimento: *"primeiro o Reino dos Céus e a sua justiça, e as demais coisas vos serão acrescentadas"* (Mateus 6:33).

O ensinamento de ser fiel ao propósito e a aplicação da fidelidade a Deus e ao seu Reino levará à prosperidade. Esse líder aprende que Deus, sendo Pai, dá boas dádivas aos vossos filhos, e por isso vêm as provisões, com esforço muito menor, porque as comportas estarão abertas a tudo que se planeja, investe, aplica, empreende ou trabalha. Haverá não apenas uma satisfação na missão, mas uma realização, e a recompensa será acima do esperado.

O líder do Reino de Deus ensina a servir, e ver seu time colher por meio da fé empregada no serviço, vivenciando os milagres e manjares do Deus de todas as coisas, esse Deus que é capaz de tirar do ímpio e trazer ao justo, é capaz em abençoar infinitamente mais do que pedimos ou pensamos, é capaz de abençoar tanto na capacidade de expandir negócios quanto na capacidade de evitar prejuízos e perdas. O mundo precisa que você entenda tudo isso como líder, para poder vivenciar esse nível de colheita.

Hoje, muitos estão sobrevivendo e mantêm discurso de prosperidade, temos também aqueles que vivem prosperidade para si, mas o seu redor está pobre, existe miséria, o que anula a sua própria prosperidade. Na verdade, muitos têm riquezas, a riqueza é algo individual, é de uso próprio e restrito a quem esse líder permitir. A prosperidade é para o líder e para todos que o rodeiam, é para todos que de alguma forma aparecem em seu caminho, ela é repartida, e por ser repartida, não acaba, sempre vem mais, porque o provedor, aquele que o enviou, aquele que o chamou, tem uma fonte inesgotável, diferente da riqueza que pode acabar, a riqueza é limitante e limitável. Limitante porque é preciso controlar pessoas para não acabar, o que envolve brigas e crises familiares. É limitável porque não pode ser usada para fins de terceiros. Muitas pessoas com condições acabam controlando doações, ajudam muito pouco em comparação com a riqueza que adquiriram, entendem que tudo o que receberam ou conquistaram é para seu conforto e investem para maior acúmulo, sentem-se trancados quando se fala em doação, porém doam não pela causa, mas para seu próprio convencimento de que realizaram uma ação justa.

Quero voltar a Zorobabel. Já falamos alguns motivos de Deus o ter escolhido para a missão, Deus conhecia seu coração de servir e sua habilidade para orientar aos remanescentes, sua fidelidade para cumprir conforme designado. É importante começar, neste capítulo separado, sobre liderança para falar sobre os exemplos de como não se corromper no sistema e continuar dentro do propósito de Deus, essa foi mais uma característica do Zorobabel, o que sem dúvidas trata de fidelidade.

O significado do seu nome é: nascido da Babilônia ou semente da Babilônia, a pergunta aqui é: mesmo nascido em toda estrutura pagã, com o povo judeu influenciado pelos costumes babilônicos, mistura de povos que tinham características babilônicas, sem falar que os judeus agora estavam sem local de culto, afastados de Deus pelo pecado de idolatria, motivo que levou o povo ao exílio, como esse líder permaneceu em fidelidade, fé e não se entregou ao sistema? Essa resposta pode ser entendida da seguinte forma.

Primeiro, Deus guardou seu coração, impossível ter influência zero vivendo dentro de um sistema ou cultura, pelo próprio nome babilônico "Zorobabel – semente da Babilônia", percebemos que o judeu sofreu influencias grandes em sua forma de agir e pensar, foram 70 anos, duas ou mais gerações nasceram durante o exílio babilônico, muitos dos seus nomes foram trocados, e as novas gerações sofreram transformações não apenas nos nomes, mas na cultura, no entendimento de conquistas e práticas religiosas, contudo esse líder se manteve fiel e íntegro às vontades de Deus.

Em segundo lugar, porém não menos importante, esse líder foi direcionado pelo Espírito Santo de Deus, e não por concepções seculares de força e intelectualidade. Deus, diante das dificuldades que todo projeto encontra, declarou ao Universo: que os montes, esses representam barreiras e situações complexas, que surgem para paralisar o líder, e o projeto, se tornem possíveis de serem vencidas, a ordem é que o monte não crie impedimentos e torne-se uma planície. Deus fala como Senhor dos Exércitos, ou seja, posicionando-se no Universo como Senhor da guerra, para que o propósito seja realizado por meio do líder:

> Ele prosseguiu e me disse: — Esta é a palavra do Senhor a Zorobabel: **'Não por força nem por poder, mas pelo meu Espírito', diz o Senhor dos Exércitos.**
>
> — 'Quem é você, ó grande monte? **Diante de Zorobabel você será uma planície.** Porque ele colocará a pedra de remate do templo, em meio a aclamações: 'Haja graça e graça para ela!'. (Zacarias 4:6-7, NAA, grifo nosso).

Ore para que Deus guarde seu coração das práticas e do posicionamento secular, quando somos envolvidos por um sistema, as nossas decisões são baseadas nessa forma de pensamento. Hoje, com uma grande influência do existencialismo e outras ideologias, de acordo com as quais o certo e o errado são relativos e não existem valores morais e espirituais absolutos, agir e pensar diferente do sistema nos torna passivos de sermos rotulados de fanáticos, ignorantes, inadequados ou qualquer outro adjetivo modernista que nos transforme em um ser deplorável, insensível e inescrupuloso, esses podem ser assim denominados.

Aqueles que compactuam com o modelo do sistema não podem ser criticados, ainda que suas decisões e práticas firam os que pensam diferentes (do sistema), sendo assim, será necessário para aqueles que estão transformando suas mentes em relação ao sistema natural e mundial uma grande convicção dos seus valores, com certeza essa foi uma característica de Zorobabel. Deus então afirma que agora Zorobabel será seu anel de selar, simbolizando a autoridade e a escolha divina, assim como a importância de Zorobabel na restauração de Jerusalém e no cumprimento dos propósitos de Deus.

> *As mãos de Zorobabel lançaram os alicerces deste templo, e as mãos dele vão terminar a construção, para que vocês saibam que o Senhor dos Exércitos é quem me enviou a vocês.* (Zacarias 4:9, NAA).

Poderia citar outros líderes aqui para embasar essas características que Deus observou em Zorobabel: a humildade, o coração dedicado ao serviço, a influência por meio da comunicação e a fidelidade para entregar a missão e manter a conexão com Aquele que a envio, ou seja, sua comunhão com Deus; Zorobabel fez isso, mesmo afastado das condições necessárias para cultuar. A esse líder Deus promulga uma autoridade que passa a assinar (agir) em seu nome, porque tudo que irá pronunciar e direcionar vem do coração do Senhor, e assim é com todos nós que cremos em Jesus e participamos da igreja como membros:

> *'Estes sinais acompanharão aqueles que creem: em meu nome, expulsarão demônios; falarão novas línguas; pegarão em serpentes; e, se beberem alguma coisa mortífera, não lhes fará mal; se impuserem as mãos sobre enfermos, eles ficarão **curados'**.* (Marcos 16.17-18, NAA, grifo nosso).

Zorobabel sem dúvidas é uma tipologia de Cristo, e da mesma genealogia de Jesus, escolhido para liderar em comunhão com o sumo sacerdote Josué, demostra mais uma grande característica admirada por Deus, o desapego ao protagonismo, o que reforça a sua humildade ao que já tratamos aqui. Josué, o sacerdote, e Zorobabel, o governador, juntos representam a unidade civil e sacra, ambas devem andar juntas. Bem diferente de comentários e de algo que foi disseminado no meio da igreja, de que a vida civil e política não podem andar juntas com a sacra. Muitos cristãos se afastaram da política, dando espaço para o inimigo agir e comandar muitas cidades e nações, foi utilizado um pano de fundo negativo para que isso acontecesse, mas isso não é exatamente o assunto, porém é importante fazer uma abordagem, ainda que introdutória.

Muitas civilizações ao longo da história integraram profundamente política e religião, utilizando a autoridade divina para legitimar governantes e estabelecer sistemas de governo. Foi assim no antigo Egito, na Mesopotâmia, com a própria Babilônia, e o que mais nos interessa, foi assim no antigo Israel, em que surgiram reis separados pelo próprio Deus para governar sobre seu povo, sendo a dinastia e a genealogia de Davi a que reinou.

O que acontece quando há uma separação entre sociedade civil cristã e a política é o avanço maior e mais rápido do poder das trevas, claro que todas as coisas são permitidas por Deus, mas a ignorância traz grandes prejuízos ao povo de Deus, como foi com o Reino do Norte:

> *'O meu povo está sendo destruído, pois lhe falta o conhecimento. Pelo fato de vocês, sacerdotes, rejeitarem o conhecimento, também eu os rejeitarei, para que não sejam mais sacerdotes diante de mim; visto que se esqueceram da lei do seu Deus, também eu me esquecerei dos seus filhos'.* (Oséias 4:6, NAA, grifo nosso).

É exatamente o afastamento do líder cristão, este que pode trazer moralidade e apresentar ações de justiça. Foram pensadores como Maquiavel, John Locke e Thomas Jefferson que influenciaram a igreja e muitos cristãos a se afastarem da política. Não estou questionando a intensão, mas pela Bíblia, guia da regra de fé e prática de todo cristão, os líderes religiosos e civis devem ter unidade para poder transmitir luz sobre questões importantes ao pensamento cristão, evitando o ataque que presenciamos hoje sobre os valores morais cristãos. Agostinho de Hipona, na obra *Cidade de Deus* (426 d. C.), defende que a religião é essencial para a moralidade e ordem na sociedade. Tomás de Aquino também defende a unidade civil/política e religiosa com o seguinte argumento: a lei divina é a fonte da lei natural e, portanto, a política devia estar alinhada com os princípios morais cristãos. Jean-Jacques Rousseau, no século XVIII, em sua obra principal, *O Contrato Social*, argumenta que a religião civil era necessária para promover a coesão social e a moralidade pública.

Porém o argumento contrário tem prevalecido, muitos homens religiosos sucumbiram diante do sistema. Se não houver líderes, pessoas com mentes renovadas no meio cristão, sucumbiremos todos em pouco tempo. Nós cristãos precisamos transformar nossas mentes, fazemos e decidimos influenciados por uma mentalidade babilônica, pensamos da forma que o sistema precisa, e sucumbimos, porque não são os valores cristãos de maneira plena que têm nos influenciado.

Ter líderes jovens que rompam com essa mentalidade será o maior desafio no século atual, precisamos ter líderes comprometidos com esse propósito de Deus, é papel fundamental! Ter essas pessoas, jovens transformados, que ocupem espaço nas diversas áreas de mercado e departamentos sociais: advogados, juízes, professores, gestores, empresários, influenciadores, artistas, investidores, políticos legislativos e executivos.

Podemos ainda viver um avivamento nesse campo tão difícil, e que influencia todas as sociedades, o campo social político. Veja na reconstrução do templo, o que Deus promoveu nesse sentido. Escolheu um homem com integridade, o que me faz lembra o Salmo 15: [...] *Quem há de morar no teu santo Monte? O que vive com integridade, e pratica a justiça, e, de coração fala a verdade* [...] (é disso que precisamos).

Deus, além de chamar um líder civil, Zorobabel também escolheu outro homem, um sacerdote, representando a lei divina para renovar e purificar todo os atos, posicionamento e ações da nação.

É preciso abordar então, no contexto liderança, a unidade civil e sacra. Veja a escolha de Josué, o sumo sacerdote. O que Deus queria mostrar com a unidade entre um líder civil e um líder sacro? Como vimos, Zorobabel tem como ofício ser governador de Israel, cuidando da parte administrativa e civil, mas Deus sempre cuidou de Israel utilizando três ofícios: profeta, rei e sacerdote. O profeta sempre foi a figura usada por Deus para comunicar a vontade do Senhor e promover o arrependimento a Israel, e muitas vezes aconselhando e exortando os reis quanto às guerras e suas atitudes diante de Deus. Quanto ao rei, deveria garantir a justiça por meio do cumprimento das leis, responsável pela força militar, promover adoração a Deus e combater a idolatria do povo. Já os sacerdotes eram os responsáveis pelos sacríficos diários e anuais para expiação do pecado, faziam a interseção pelo povo, eram responsáveis pelo ensino da lei e pelo cuidado com a purificação e a santificação do templo e do povo.

Durante o exílio, apenas o ofício de profeta funcionava plenamente, foram representantes de Deus durante esse período de exílio: Daniel, Jeremias e Ezequiel, com grandes mensagens de esperança, exortações ao arrependimento e revelações futuras de Israel. Quanto ao ofício de rei, foi extinto, já o ofício de sacerdote ficou sem uma utilização plena durante o exílio, não havia templo e culto para os sacerdotes servirem, foi suspensa a expiação e a purificação, restando apenas a possibilidade de ensinar a lei. O próprio Ezequiel, que aos 30 anos se tornaria sacerdote, não assumiu o ofício de sacerdote por estar exilado na Babilônia como escravo, mas foi usado por Deus como profeta nesse tempo.

Com a convocação de Zorobabel não como rei, mas como governador, o Senhor restaura o ofício do líder civil, político e administrativo, com responsabilidades semelhantes às de um rei. Com a convocação de Josué como sumo sacerdote, também é restaurado o ofício do sacerdócio. Com a restauração desses ofícios, Deus transmite uma mensagem: a partir da reconstrução do templo, os ofícios também devem ser restabelecidos para o funcionamento e a manutenção do templo. Não existe templo sem os ofícios, assim como não existe sacerdote e líder político/civil sem a restauração do templo, porque o povo só poderia ser restaurado se houvesse restabelecimento do culto, dos sacrifícios, da purificação, da proteção e da organização das pessoas diante dessa exigência para o propósito, era preciso o governante (o rei). A mensagem que Deus ensina aqui: "Restaure os ofícios, honre os líderes, para poder restabelecer templos e povos".

Apenas o ofício de profeta sobreviveu, pelo motivo de restaurar os demais ofícios. Veja que o ofício de rei não foi restaurado com o mesmo nome, mas como governador, sendo este o legislador e juiz sobre o povo, conforme propósito original para Israel.

E o Senhor disse a Samuel: 'Atenda à voz do povo
*em tudo o que lhe pedem. **Porque não foi a você***
que rejeitaram, mas a mim, para que eu não reine

sobre eles. *Segundo todas as obras que fizeram desde o dia em que os tirei do Egito até hoje, pois me deixaram e serviram outros deuses, assim também estão fazendo com você. Agora, pois, atenda à voz deles, porém advirta-os solenemente e explique-lhes qual será o direito do rei que vier a reinar sobre eles'.* (1 Samuel 8:7-9, NAA, grifo nosso).

Como líderes que somos diante de Deus, com a autoridade que nos foi outorgada, precisamos restaurar os templos vivos para que haja a manutenção dos ofícios em nossas vidas... *Vocês, porém, são geração eleita, sacerdócio real, nação santa, povo de propriedade exclusiva de Deus, a fim de, proclamar as virtudes daquele que os chamou das trevas para a sua maravilhosa luz* (1 Pedro 2.9, NAA). Mais uma vez, Deus resgata o ofício de sacerdote em Cristo, esse resgate não foi apenas para uma pessoa, mas para TODOS que o receberam deu-lhes o poder de serem chamados filhos de Deus, e como filhos de Deus, foi recuperado o sacerdócio.

Com essa autoridade do Rei, sendo líderes de Deus, estabelecidos como reis, administradores de pessoas, devemos desempenhar ambos os ofícios: sendo reis, e como reis devemos ser organizadores, zelosos pelas vidas, combater como um rei pelas almas perdidas e frágeis, protegendo-as das investidas do maligno; como sacerdotes, ensinar o caminho em que se deve andar, apresentando o maior Rei que governa e purifica a todos que nEle creem, Jesus.

[...] *e da parte de Jesus Cristo, que é a fiel testemunha, o primogênito dos mortos e o príncipe dos reis da terra. Àquele que nos ama,* *e em seu sangue nos lavou dos nossos pecados, e nos fez reis e sacerdotes para Deus e seu Pai, a ele, glória e poder para todo o sempre. Amém!* (Apocalipse 1:5-6, ARC, grifo nosso).

Por meio do profeta Zacarias, Deus torna claro por que chamou dois líderes, um representante civil/político e outro sacro: para ambos os ofícios reinarem em perfeita união. O líder civil/político deve andar em harmonia e concordância com o líder sacro. Deus quer estabelecer uma consciência nos remanescentes, em que a vida diária, o trabalhar, o cuidar da família, toda sua organização de vida política e civil deve ter harmonia com a vida sacra. O que não acontecia antes e durante o exílio, mas com a restauração da vida civil e do sacerdócio, devem manter-se complementares e estabelecidas com união, esses processos precisam ser adaptados para conviver dentro das decisões das famílias, edificando-se mutuamente para atrair as bênçãos do Senhor nesse lugar:

> *Ele mesmo edificará o templo do Senhor e será revestido de glória. Ele se assentará no seu trono, e dominará, e será sacerdote no seu trono; e reinará perfeita união entre ambos os ofícios.* (Zacarias 6:13, NAA, grifo nosso).

Na versão Almeida Revista e Corrigida, o termo usado para definir como Deus estabeleceria a harmonia entre os ofício do líder civil/político e do líder sacro é que eles andariam em conselho de paz. Nessa versão podemos perceber que um ofício poderá receber um conselho de paz para retornar aos princípios, quando em algum momento descumprir as leis, ou se distanciar do propósito definido. Tanto as leis quanto o propósito não são determinados pelos ofícios, mas por quem chamou e enviou, ambos ofícios são instituídos e resgatados por Deus, devendo ser evitados conflitos entre os ofícios. Para haver o equilíbrio, ambos irão precisar das qualidades do líder de Deus, para manutenção da harmonia.

> *Ele mesmo edificará o templo do Senhor, e levará a glória, e assentar-se-á, e dominará no seu trono, e será sacerdote no seu trono,* **e conselho de paz haverá entre ambos.** (Zacarias 6:13, ARC, grifo nosso).

O propósito de um novo templo é manifestar sua glória muito maior do que o primeiro, é para manifestar Cristo, e foi isso que aconteceu, a glória da segunda casa foi maior que a primeira, conforme promessa em Ageu, o Templo é Cristo. Hoje o templo também é cada um de nós. E essa glória se mantém pelo envolvimento e enchimento do Espírito Santo. Porém é preciso, antes de qualquer coisa, a santidade. Verdade que destacamos um capítulo exclusivo para o tema, mas é uma exigência muito profunda do Senhor, ele retoma esse tema de maneira exclusiva ao líder Josué, que representa o sacro. Da mesma forma que houve destaque para Zorobabel ao colocá-lo na liderança civil/política, houve destaque para Josué quanto ao seu ofício de sacerdote.

Durante o exílio, mesmo com um coração que buscava ser fiel a Deus, Josué, como todos os outros, vivia sobre limites e prisioneiro da Babilônia, a opressão era a tal ponto que Zacarias, em uma das visões entregues por Deus, vê Satanás ao lado direito do sacerdote. Isso representa a acusação do inimigo para a situação naquele momento de Josué. Ali estavam sendo exposta sua falta de condição espiritual para exercer seu ofício. O inimigo sempre vai lembrar a condição de um sacerdote antes de retomar o ofício. Porém o Senhor pede para trocar as vestes. Não importa a condição passada, importa a condição agora, hoje.

Por isso o Senhor pede para trocar as vestes de Josué, que estavam sujas, e resgatar o sacerdócio. Era um pedido de santidade ao sacerdote, um pedido de purificação. Contudo, foi também reconhecido pelo Senhor o que Josué representava no reino espiritual: *Não é este um toco de lenha tirado do fogo?* (Zacarias 3.2, NAA). Mesmo nas condições com roupas sujas, o Senhor reconhecia a utilidade de Josué para resgate de um povo, liderança e unção para cumprir a missão. Diante de Satanás, que estava à direita de Josué e do Anjo, foram trocadas suas vestes. Primeiro foi tirada sua roupa suja, representando a purificação, lançando fora toda iniquidade; em seguida, a primeira peça a ser colocada foi a mitra, um turbante colocado em sua cabeça, que tinha uma escrita na parte da testa: "Santidade ao Senhor!". Sendo então vestido de roupas finas.

> *Deus me mostrou o sumo sacerdote Josué, que **estava diante do Anjo do Senhor; mostrou também Satanás, que estava à direita de Josué, para o acusar.** Mas o Senhor disse a Satanás: — 'Que o Senhor o repreenda, Satanás! Sim, que o Senhor, que escolheu Jerusalém, o repreenda! **Não é este um toco de lenha tirado do fogo?'** Ora, Josué estava diante do Anjo vestido com roupas muito sujas. O Anjo tomou a palavra e disse aos que estavam diante dele: — Tirem as roupas sujas que ele está usando.*
>
> *E a Josué ele disse: — Eis que tirei de você a sua iniquidade e agora o vestirei com roupas finas. Então eu disse: — Ponham um turbante limpo na cabeça dele. **Puseram um turbante limpo na cabeça dele e o vestiram**, na presença do Anjo do Senhor.* (Zacarias 3:1-5, NAA, grifo nosso).

O nosso Deus vai desvendando sua palavra, como líderes, o Senhor sempre vai retornar ao tema da santidade com maior frequência. Existe o acusador para lembrar a nossa condição para exercer os ofícios, como sacerdócio real, as roupas que vestimos são limpas e finas, expressando a importância da santidade em tudo que realizamos, e a importância do ofício.

Hoje, temos acesso direto ao Pai, e na presença dEle intercedemos por famílias, adoramos, recebemos respostas e orientação, é preciso a santidade como condição de vida, é um estilo ao papel entregue através de Jesus às nossas vidas. Ainda que em condições de iniquidade e pecado, O Senhor não deixa de reconhecer que somos toco de lenha tirado do fogo. A condição que estamos é para ser transformada por meio da purificação, é o que representa a mudança das vestes, a manutenção da purificação, é justamente a santidade que todos precisam alcançar, e o líder com maior intensidade a essa purificação, assim como na mitra estava escrita: "Santidade ao Senhor", localizada na testa do sacerdote. Em nosso rosto deve ficar perceptível que somos santos e separados em toda maneira de viver.

Após ser vestido com as roupas finas, representando a santidade e a importância do ofício, foi liberado uma promessa condicional a Josué:

> Assim diz o Senhor dos Exércitos: 'Se você andar nos meus caminhos e observar os meus preceitos, você julgará o meu templo e guardará os meus átrios. **Eu lhe darei livre acesso entre estes que aqui se encontram'.** (Zacarias 3:1-5, NAA, grifo nosso).

O que Deus estabeleceu no chamado de Zorobabel também foi estabelecido no chamado de Josué, eles tinham que andar em perfeita união para manter a rota, observar a santidade, fidelidade, manter uma comunicação e orientação fiel aos remanescentes. A partir dessa constância nos atos, fica concedida a autorização para exercer autoridade e tomar as decisões sobre o templo, e mais, fica permitido livre acesso para encontrar com aqueles que estavam presentes, mas quem são estes? Conforme visão de Zacarias, Josué estava diante do Anjo do Senhor, e à sua direita,

Satanás; em Zacarias 3:8 é dito que havia companheiros de Josué sentados diante dele. Então, esse livre acesso era a autoridade espiritual para convocar apoio espiritual, e exercer seu ofício, interceder por apoio a Zorobabel, aos companheiros de ofício e aos remanescentes, e poder para acessar corações com a mensagem da lei do Senhor.

Como sacerdotes do Senhor, é preciso prosseguir em suas orientações, no conhecimento da sua palavra, e prosseguir no propósito para manutenção da autoridade reconhecida no reino espiritual. O sacerdote que se mantém no caminho de Cristo pode convocar apoio em favor de muitos, em favor de chefes de Estado. Satanás presencia tudo isso, procura quebrar essa autoridade de várias maneiras, isolando o líder, paralisando a missão com investidas internas e externas, desviando o líder por meio do medo, do pecado, da soberba, colocando falta de harmonia entre os ofícios, levando o líder a preocupar-se mais com o ofício civil e político, a preocupação de organizar sua vida cotidiana, diversão, trabalho, provisão ou voltando-se apenas para liturgias e práticas religiosas.

Esse desequilíbrio afasta o líder do propósito, reduzindo sua credibilidade e impedindo sua atuação para ministrar sobre os templos vivos (pessoas), e organização (igreja, corpo). Enquanto sacerdotes, devemos ser permanentes em observar a missão e manifestar a virtude daquele que nos chamou das trevas para a maravilhosa luz, teremos acesso pela palavra ao coração de muitos, daqueles que estão próximos no ministério, na família, nas ruas, no trabalho. Será preciso a execução do ofício, enquanto sacerdócio real. O sacerdote real serve na Casa Real, dentro do palácio e constantemente entra em intercessão direto com o único estabelecido como verdadeiro Rei, podendo interferir de maneira poderosa no andamento de vidas. A oração do justo vale muito em seus efeitos, mas como alertado pelo apóstolo Tiago, antes precisa ter confissão, não ter culpa ou acusação, o nome disso é a santificação ao Senhor por meio de arrependimento:

> Portanto, confessem os seus pecados uns aos outros e orem uns pelos outros para serem curados. *A oração de um justo é poderosa e eficaz.* (Tiago 5:16, NVI, grifo nosso).

O sacerdote tem acesso para solicitar apoio dos anjos, tem a cobertura do altíssimo, é respaldado no reino espiritual pelo próprio Cristo, grandes coisas podem acontecer. Veremos no próximo capítulo como um sacerdote, um líder, seja ele jovem ou de mais idade, pode realizar grandes obras quando é separado, quando entende que sua vida entregue ao Criador de todas as coisas, mesmo dentro de um sistema influenciado por poderes ocultos, pode surpreender o sistema de modo considerável por meio da sua atuação e compromisso com a missão.

Estamos acompanhando desde o início deste livro quão profunda é a vontade de Deus em reconstruir não apenas o templo, mas reconstruir uma nação, um povo, reconstruir o relacionamento perdido entre pessoas e Deus, e não faltaram ideias, processos, pessoas, mobilização, profetas e líderes para que tudo aconteça. Alguns princípios foram muito bem definidos por Deus para que a reconstrução acontecesse. Neste mesmo capítulo, destacamos como Deus estabelece confiança para Zorobabel enfrentar os desafios concernente ao seu ofício; como governador, precisava tomar decisões, e o Senhor, diante de todos, o estabelece como seu anel de selar, aquele que assina por Deus, suas tomadas de decisões quanto administração, guerras, cumprimento dos processos definidos são de responsabilidade de Zorobabel, e assim o Senhor o encoraja e fortalece sua alma e espírito; houve aqui um renovo para exercer o ofício.

Com Josué, o sacerdote, Deus aplica o mesmo princípio, o da autoridade, um renovo que é estabelecido por Deus, o começo de uma nova fase com unção específica para alcance da missão. As palavras do Senhor para Zorobabel manifestaram renovo em seu ser e anunciaram a outros que nessa nova fase ele é o responsável pela nação no que diz respeito ao seu ofício. Por orientação do próprio Deus, deve andar em união perfeita, em comunhão com Josué, o sacerdote. Este, por sua vez, também alcançou do Senhor um renovo, uma motivação no espírito e reconhecimento para seguir com toda autoridade de Deus em exercício do seu ofício, e o claro cumprimento da missão.

> Diga-lhe que assim diz o Senhor dos Exércitos: **'Aqui está o homem cujo nome é Renovo; do seu lugar, ele crescerá e construirá o templo do Senhor.** Ele construirá o templo do Senhor, será revestido de majestade e se assentará no seu trono para governar. **Ele será sacerdote no trono, e haverá harmonia entre os dois'.** (Zacarias 3:12-13, NVI, grifo nosso).

Você pode estar perguntando como foram levantados dois líderes ao mesmo tempo, para liderar o mesmo povo, na mesma missão? Isso não seria complicado, podendo haver dissidência e dividir toda uma nação, prejudicando o alcance dos objetivos?

Sim, a possibilidade era muito grande, em circunstâncias naturais. A resposta, apesar de simples, nos remete a duas possibilidades óbvias, mas o que difere uma da outra? Bem, a primeira possibilidade sendo a natural, a segunda possibilidade acontece quando há a participação do Espírito Santo, e o que podemos aprender aqui é que o nosso ofício de sacerdote, responsável por cuidar da parte espiritual, ensino, fé, comunhão e serviço, deve andar em unidade com o ofício civil: manutenção do trabalho, família, processos, procedimentos; esses ofícios em nossas vidas devem ter um equilíbrio. Exatamente isso que o Senhor quer nos mostrar nessa união perfeita. Não posso viver apenas um dos ofícios, haverá problema e dificuldade no cumprimento da missão, podem acontecer rompimentos, divisão e muita falta de compreensão entre os ofícios.

Foi justamente pelo motivo de Israel estar atendendo apenas aos anseios pessoais que Deus levanta Ageu para confrontar a nação de Israel, que apenas se preocupava em manter suas casas luxuosas e sua sobrevivência. Isso prejudicava a todos, eles não se voltaram para a reconstrução do templo do Senhor, para retomar os ensinos, o culto, a adoração e o fortalecimento espiritual da nação.

Israel foi escolhido por Deus para o representar entre as nações, Deus chama Abraão em Ur dos Caldeus, local próximo de Babel, futura região da Babilônia, para se fazer habitar no centro do mundo e realizar o propósito do Senhor em influenciar outras nações. Mas Israel se corrompeu e não cumpriu com os ofícios, nesse momento, Deus quer mostrar mais uma vez que ele é o Rei, e cumpre com Sua palavra e promessa, podendo abater e erguer povos e nações diante da missão, vocação e atitudes. O Senhor mostra ainda que para vivenciar uma reconstrução é preciso exercer os ofícios de maneira equilibrada, em perfeita união, e comprova que não apenas é necessário, mas é um requisito para a reconstrução.

Hoje, muitos de nós somos líderes em igrejas locais, grupos, família, trabalho, projetos, caso tenhamos vontade de vivenciar a verdadeira reconstrução de Cristo em nossas vidas, precisaremos alinhar os nossos ofícios. Sem dúvidas temos um grande desequilíbrio entre eles, ou nos dedicamos muito para o ofício civil, nos preocupamos com proteção, sustento, riquezas, negócios, crescimento, entretenimento e parece que o tempo é tão curto, ou se abrevia para tanta demanda, no fim estamos mentalmente esgotados, fisicamente cansados. Da mesma forma quando exageramos no ofício espiritual, como sacerdote, vendo erro em todos, espiritualizando tudo, ignorando a realidade, causando frustração, ansiedade e decepção.

Mas o que o Senhor realizou para que ambos os ofícios de seus líderes andassem em harmonia? O anúncio e o cumprimento do renovo. Precisamos orar ao Espirito Santo, para que ele ministre em nossas vidas de maneira que possamos andar em novidade de vida, na qual habita uma renovação, uma fase nova, um novo estilo de vida com fé, com dedicação a uma vida de oração e misericórdia. Esse novo estilo de vida restabelecendo cultos diários com Deus, cuidando daquilo que é sacro, preocupando-se com pessoas, vidas, manutenção de lares e casamentos. Sabendo que o trabalho não é vão no Senhor, *quem negar sua vida por amor de mim, achá-la-á* (Mateus 16:25), quando me dedico ao sacro, o Senhor me abençoa no civil, quando sou responsável com minha vida no civil, Deus desvenda experiências no sacro.

Em uma aplicação teológica, tanto Zorobabel quanto Josué são tipologias de Cristo que anunciam a vinda e a vitória de Cristo para Israel e para outras nações. Além de esse renovo vir sobre nós, é preciso também anunciá-lo a todos que estão ao nosso alcance. Temos muitas maneiras de apresentar esse renovo, mas a primeira delas é vivendo em nossa carne e espírito; em seguida, aproveitando as oportunidades de pregar a Cristo. A Bíblia fala que devemos pregar em tempo e fora de tempo, ou seja, podemos criar o momento, com evangelismos inteligentes, por exemplo, em redes sociais e podcasts que atinjam pessoas próximas do nosso dia a dia. Se ganharmos apenas uma pessoa, uma multidão de pecados são perdoados sobre nossas vidas e acontece uma grande festa no céu. Restabelecemos prosperidades em áreas de nossas vidas, porque priorizamos o Reino de Deus e sua justiça. Não iremos sozinhos para o céu. Essa frase tem uma grande profundidade, o evangelho não pode ser guardado, deve ser divulgado a toda criatura, se ficar em silêncio, a possibilidade de você não ser salvo é muito grande, como alguém que recebe um grande presente e não anuncia a uma só pessoa o favor que recebeu, acredito que nunca recebeu um presente tão impactante.

No primeiro amor que vivenciamos quando recebemos a Cristo, oramos por muitos, desejamos que encontrem o amor do Senhor como nós encontramos, é muito importante permanecer nessa novidade de vida. Sobre a Igreja de Éfeso, em Apocalipse 2, o Senhor afirma que eles conheciam bem a palavra, eram bons na apologética, defendiam bem sua fé, a ponto de não deixarem se enganar com falsos profetas e com os que se nomeavam apóstolos, contudo o Senhor tinha algo contra eles, deixaram o primeiro amor, o que serviu como ponto de atenção para perder a posição no candelabro, sendo mais claro, o afastamento da salvação.

Naquele momento foi dada uma oportunidade de arrependimento, mudar a direção, voltar à prática do primeiro amor, cuidar de vidas. Não adianta ser presente em cultos e não cuidar de vidas, não adianta grandes conquistas sem ganhar e ensinar vidas para Cristo, não adianta perseverar, suportar provas, sem amar ao próximo. Restituir o primeiro amor é sentir as dores de parto, como declarado pelo apóstolo Paulo, que se preocupava com o afastamento dos gálatas do verdadeiro evangelho e seu retorno à lei. Então era preciso suportar as contrações e dores para gerar de novo transformação em pessoas, tudo isso por amor a Deus e cumprimento do seu chamado de resgate. Clamemos pelo renovo em nossas vidas, e em muitas outras vidas!

Hoje, você, por meio da morte e ressurreição de Cristo, e pela sua confissão de fé naquele que morreu e ressurgiu dentre os mortos, torna-se como Zorobabel, um anel de selar. Tudo que pedir em conformidade à vontade do Pai, crendo, receberá. Podemos desligar e ligar na Terra que será estabelecido nos céus, ainda podemos fazer as mesmas coisas, e ainda maiores das que Jesus fez. Porém retornamos sempre aos pensamentos de impossibilidades que o sistema constrói em nossas mentes, o que bloqueia a possibilidade do impossível de Deus. Precisamos da união dos ofícios em nossas vidas, somos reis e sacerdotes para organizar, cuidar, edificar e levar a santidade a um povo que está aprisionado no sistema (babilônico), esse mesmo sistema que procura nos sufocar e desviar do chamado, com tantas informações, necessidades, dores, falta de tempo, preocupações e sentimentos.

É importante ter em cada um de nós a humildade para reconhecer nossos limites, pedir apoio e servir ao próximo. A fidelidade, que promove em nosso peito o compromisso pela missão, fortalecendo nossas convicções para não nos afastarmos do propósito, e como deve ser implantado. A santidade, que por amor a Jesus nos separa para realizar uma obra de amor e cuidar daqueles que o Senhor coloca em nosso caminho para ser o nosso próximo, seja o anel de selar de Jesus onde estiver e para onde for levado.

CAPÍTULO 5

OS JOVENS, O SISTEMA E O EXEMPLO DE DANIEL

Diante de todas as informações que temos até aqui, o que faremos com todo esse conteúdo? Essa não é a única pergunta que precisa ser respondida até o fim deste livro! Algumas perguntas precisam de reflexão e respostas, o importante é não ficar inerte às percepções que foram expostas e ao seu chamado. É justamente nas atitudes diretas e corajosas de quatro jovens que vivenciaram a supremacia da Babilônia e foram desafiados em sua fé que devemos nos direcionar diante das questões.

A Babilônia é a mãe da idolatria, das abominações, representa a disputa pelo poder e controle mundial. É a maquete do mal, e sem dúvidas o sistema de controle que servirá de réplica, com a finalidade de bancar as vaidades daqueles que buscam satisfazer todo esquema do enganador. Contudo sabemos que a história já está contada nos livros bíblicos que revelam o fim dos tempos e a queda da Babilônia:

> *Aquele, porém, que ficar firme até o fim, esse será salvo. E será pregado este evangelho do Reino por todo o mundo, para testemunho a todas as nações. **Então virá o fim**.* (Mateus 24:13-14, NAA, grifo nosso).

E um forte anjo levantou uma pedra como uma grande pedra de moinho, e lançou-a no mar, dizendo: 'Com igual ímpeto será lançada Babilônia, aquela grande cidade, e nunca mais será achada. (Apocalipse 18:21, NAA, grifo nosso).

Pelo menos dois questionamentos são muito importantes para aqueles que procuram ser fiéis e pronunciam o amor de Cristo à humanidade. Como o exemplo de Daniel, que era fiel ao seu Deus e à sua missão. Sendo um dos jovens que foram exilados na Babilônia, viveu todo o período do exílio e Deus não achou em Daniel e seus amigos nenhum tipo de corrupção, esfriamento ou abandono de sua fé nEle. Tanto Daniel quanto Hananias (Sadraque, nome babilônico), Misael (Mezaque, nome babilônico) e Azarias (Abede-Nego, nome babilônico) foram intimidados pelo sistema a entregar sua fé em detrimento das vantagens e imposições da Babilônia, diante dessa pressão sofrida por eles, vêm as seguintes perguntas:

1º Como esses jovens, separados de sua cultura, crenças, nação e familiares, mantiveram tamanha resistência espiritual e emocional durante sua vida na Babilônia? O que os mantiveram de pé?

2º O que era ou é, realmente, a Babilônia?

Vamos seguir na tentativa de responder esses dois questionamentos. Para maior compreensão do grau de intensidade, de preparo, resiliência e fé desses quatro jovens, vamos primeiro mergulhar no local que eles viveram a maior parte de suas vidas, a Babilônia. Quais as influências para seu surgimento, suas conquistas, cultura, o que ela representa, qual seu simbolismo material e espiritual no decorrer dos séculos.

O início da Babilônia se dá no surgimento da cidade de Babel, nas primeiras gerações após o dilúvio. A palavra Babel tem como derivada a palavra em hebraico *balal*, que significa confundir. Você deve se lembrar que durante a construção da Torre de Babel, relatada em Gênesis capítulo 11, O Senhor, por causa da união do povo e a tentativa de alcançar os céus para tornar seus nomes reconhecidos, lançou sobre eles o domínio de várias línguas, que dispersaram todo o povo, e ali ficaram confundidos, sessando a construção:

> *Em toda a terra havia apenas uma língua e uma só maneira de falar. Os homens partiram do Oriente, encontraram uma planície na terra de Sinar e habitaram ali. E disseram uns aos outros: — Venham, vamos fazer tijolos e queimá-los bem. Os tijolos lhes serviram de pedra, e o betume, de argamassa. Disseram: — Venham, vamos construir uma cidade e uma torre cujo topo chegue até os céus e tornemos célebre o nosso nome, para que não sejamos espalhados por toda a terra. Então o Senhor desceu para ver a cidade e a torre, que os filhos dos homens estavam construindo. E o Senhor disse: 'Eis que o povo é um, e todos têm a mesma língua. Isto é apenas o começo; agora não haverá restrição para tudo o que planejam fazer. Venham, vamos descer e confundir a língua que eles falam, para que um não entenda o que o outro está dizendo.' **Assim o Senhor os dispersou dali pela superfície da terra; e pararam de edificar a cidade. Por isso a cidade foi chamada de Babel, porque ali o Senhor confundiu a língua de toda a terra e dali o Senhor os dispersou por toda a superfície dela.** (Gênesis 11:1-9, NAA, grifo nosso).*

Foi próximo de Babel, na região da Mesopotâmia, que se localizava Ur dos Caldeus, cidade do pai da fé, Abraão, que foi chamado pelo Senhor em uma cidade influenciada por um panteão de deuses. Ele, por sua vez, afastou-se de toda uma cultura, ensinos, rotinas e costumes locais e familiares para seguir o chamado de Deus. Foi próximo a Babel, e com toda a influência que cercava aquela região, que Abraão atendeu à sua convicção e creu na voz do Senhor.

Babel foi fundada por Ninrode, mais à frente, na mesma localidade, surgiu a cidade da Babilônia:

> Cuxe gerou Ninrode, que começou a ser poderoso na terra. Foi valente caçador diante do Senhor. Daí dizer-se: 'Como Ninrode, poderoso caçador diante do Senhor.' **O princípio do seu reino foi Babel**, Ereque, Acade e Calné, na terra de Sinar. (Gênesis 10.8-10, NAA, grifo nosso).

Ninrode ou Nimrod é apresentado como um caçador, e a sua grande iniciativa era alcançar (caçar) a Deus, seu propósito em ser notável e igualar-se a Deus é bem claro. Para isso, como grande líder, mobilizou pessoas em volta do seu desejo. Algumas interpretações sugerem que seu nome significa "rebelde" ou "nos rebelaremos". Assim começa a construção da Babilônia (Babel), como um ataque à supremacia de Deus, tomado por arrogância, mobilização de pessoas em volta de uma revolta ou rebeldia contra Deus, na busca do reconhecimento de divindade, Ninrode propõe construir uma torre.

A Torre de Babel simboliza a unidade de um povo que foi influenciado por uma liderança que ostentava em seu coração a busca pelo poder, pela autoridade e o desejo de influência na civilização dos povos. Nirode, o caçador de Deus, com sua construção, semeou entre todos a indignação pelos limites do ser humano, implantando uma ideia: "Que os homens ultrapassassem os limites estabelecidos por Deus, por mais impróprias que essas atitudes possam ser". Essa é a mensagem como ponto de partida da Babilônia, encorajar pessoas, povos e nações a confrontar os valores e os limites estabelecidos por Deus.

A Babilônia se tornou a representatividade espiritual de um sistema que se rebela contra Deus e contra os seus propósitos, utilizando de sua influência em vários campos do conhecimento, aparentemente construindo torres, mas rebelando-se contra o Criador, rompendo com limites morais e éticos. Sem dúvidas é o império mais influente que já existiu, como interpretado por Daniel no capítulo 2, quando Nabucodonosor tem um sonho com uma estátua e a cabeça de ouro é representada pela Babilônia. A mais rica e poderosa dos impérios, servindo como modelo de ousadia, diversidade religiosa e cultural, cidade de protagonismo e ostentação para todas as gerações.

A Babilônia, nos capítulos 17 e 18 de Apocalipse, simboliza mais do que uma cidade física. Ela representa um sistema global de corrupção, imoralidade e oposição a Deus. A destruição de Babilônia, no fim dos tempos, será um ato de julgamento divino, em que o mal é erradicado, preparando o caminho para a vinda do Reino de Deus:

> Um dos sete anjos que tinham as sete taças veio e falou comigo, dizendo: — Venha! Vou lhe mostrar o julgamento da grande prostituta que está sentada sobre muitas águas. Os reis da terra se prostituíram com ela, e os que habitam na terra se embriagaram com o vinho da sua prostituição. O anjo me transportou, no Espírito, a um deserto, e vi uma mulher montada numa besta escarlate, besta repleta de nomes de blasfêmia, com sete cabeças e dez chifres. A mulher estava vestida de púrpura e de escarlate, enfeitada com ouro, pedras preciosas e pérolas, tendo na mão um cálice de ouro transbordante de abominações e das imundícias da sua prostituição.

> *Na sua testa estava escrito um nome, um mistério: 'Babilônia, a Grande, a Mãe das Prostitutas e das Abominações da Terra'.* (Apocalipse 17:1-5, NAA, grifo nosso).

> *Depois destas coisas, vi descer do céu outro anjo, que tinha grande autoridade, e a terra se iluminou com a sua glória. Então exclamou com potente voz, dizendo: — Caiu! Caiu a grande Babilônia! Ela se tornou morada de demônios, refúgio de toda espécie de espírito imundo e esconderijo de todo tipo de ave imunda e detestável, pois **todas as nações beberam do vinho do furor da sua prostituição. Com ela se prostituíram os reis da terra.** Também os mercadores da terra se enriqueceram à custa da sua luxúria. Ouvi outra voz do céu, dizendo: 'Saiam dela, povo meu, para que vocês não sejam cúmplices em seus pecados e para que os seus flagelos não caiam sobre vocês.* (Apocalipse 18:1-5, NAA, grifo nosso).

A Babilônia não foi apenas um modelo de soberba e rebelião articulado por líderes inspirados pelo anjo rebelde (o Diabo), mas também será o modelo para o anticristo nos anos do fim dos tempos, cada vez com maiores evidencias. Na atualidade, já sofremos influencias em vários campos da cultura e do conhecimento como: música, teatro, ciência, tecnologia, política, entretenimento, sempre com o mesmo objetivo de rebelar opiniões e comportamentos contra o Criador. É fácil identificar no modo de pensar e agir de muitas pessoas, povos e nações que não existem limites ao que o homem intentar fazer, em muitos corações já foi anulada a possibilidade da relação e convivência com Deus. Cumpre-se, então, a palavra de Romanos 1:25: *Eles trocaram a verdade de Deus pela mentira, adorando e servindo a criatura em lugar do Criador...*

Durante o exílio de Daniel na Babilônia, ele presenciou a implantação do império babilônico não apenas como reino físico, mas como reino intelectual, cultural e espiritual sobre as nações. A principal característica foi a disseminação do politeísmo e do paganismo, afetando o monoteísmo e a devoção ao Deus único e verdadeiro. Hoje vivenciamos a influência da Babilônia por desprezar a cultura e a fé das famílias que possuem valores que professam Deus como único e verdadeiro.

Daqui, partimos para responder agora a primeira pergunta: como Daniel e seus amigos, separados de sua cultura, crenças, nação e familiares mantiveram tamanha resistência espiritual e emocional durante sua vida na Babilônia? O que os mantiveram de pé?

Diante de todo caos do exílio, começando pela primeira deportação (605 a.c.) de nobres e familial real, nessa primeira deportação foram levados Daniel e seus jovens amigos. Alguns anos depois, com a segunda deportação (597 a.c.), foram levadas pessoas com habilidades de guerras, artesãos e outras habilidades especiais. Em 586 a.c. aconteceu uma grande destruição em Jerusalém com a derrubada dos muros, destruição do templo e das casas, muitos mortos, os pobres foram deixados para trás em estado de grande miséria.

Todo esse quadro de miséria e destruição poderia gerar no coração desses jovens um sentimento de cólera, angústia, depressão e ansiedade capaz de provocar grande revolta contra Deus. Porém eram cientes do que estava acontecendo em seu tempo, com seu povo, e o quanto a nação ignorava todo o cuidado e aviso do Senhor. Tais avisos foram feitos por vários profetas para que retornassem à fidelidade com Deus, que escolheu e separou um povo para proclamar sua maravilhosa obra a outros povos e nações.

> *Portanto, assim diz o Senhor dos Exércitos: 'Visto que vocês não escutaram as minhas palavras, eis que mandarei buscar todas as tribos do Norte, diz o Senhor, e também Nabucodonosor, rei da Babilônia, meu servo, e os trarei contra esta terra, contra os seus moradores e contra todas estas nações ao redor, e os destruirei totalmente. Farei deles um objeto de horror e de vaias, ruínas perpétuas. Farei cessar entre eles o som das festas e da alegria, a voz do noivo e a voz da noiva, o ruído das pedras do moinho e a luz das lamparinas. Toda esta terra virá a ser uma ruína, objeto de horror, e estas nações servirão o rei da Babilônia durante setenta anos'.* (Jeremias 25:8-11, NAA, grifo nosso).

Israel se abdicou do seu propósito e foi seduzido pelos costumes de outros povos, gerando perdas que só podem ser reparadas com arrependimento e com o retorno ao propósito:

> *Porque vocês são povo santo para o Senhor, seu Deus. O Senhor, seu Deus, os escolheu, para que, de todos os povos que há sobre a terra, vocês fossem o seu povo próprio. O Senhor os amou e os escolheu, não porque vocês eram mais numerosos do que outros povos, pois vocês eram o menor de todos os povos.* (Deuteronômio 7:6-8, NAA, grifo nosso).

> *Disse mais: Pouco é que sejas o meu servo, para restaurares as tribos de Jacó e tornares a trazer os guardados de Israel; também te dei para luz dos gentios, para seres a minha salvação até à extremidade da terra.* (Deuteronômio 49: 6, ARC, grifo nosso).

Conhecedores de todos os avisos e amor do Senhor para com a nação, Daniel e seus amigos foram além da compreensão profunda de todos os acontecimentos, apesar do caos... não se deprimiram, mas usaram ao seu favor todo ensino e fé para se manterem firmes em tempos de perseguição e angústia. Não usaram do caos para se vitimizarem, foram mais profundos que o próprio sistema e as circunstâncias. Mergulharam em sua fé e desafiaram as proibições com ousadia de posicionamento, mas sem ser desrespeitosos, também não se curvaram diante das condições pagãs e promíscuas, como eles conseguiram isso?

Pelo menos quatro situações podem esclarecer como esses jovens puderam enfrentar todo um sistema espiritual de perseguição à sua fé:

- **Situação n.º 1 - A prova da implantação de uma nova cultura.** Após exilados, os jovens foram obrigados a conhecer a cultura e a língua dos caldeus, sofreram a troca de nomes hebreus para nomes babilônicos (Daniel 1:4-7).

O sistema, logo de início, procura influenciar com informações pertinentes à sua cultura, com forte comunicação para arrancar a identidade, foi exatamente essa estratégia utilizada pela Babilônia. Durante três anos, todos os jovens deveriam passar por um período de capacitação e adequação ao novo modelo, para depois servirem ao rei.

O sistema procura minar dia a dia, passo a passo, não é de maneira imediata. Essa mudança, com o passar dos anos, pode se tornar radical no fim de um período, e toda uma concepção de valores ser suplantada por novos modelos de pensamento, novas estruturas sociais, resultando em decisões antes impraticáveis, mas que com o passar do tempo são praticadas com normalidade.

Mesmo sabendo que viveriam dentro do sistema babilônico, passando por aulas, entrevistas, treinamentos, capacitações para servir na Babilônia, Daniel e seus jovens amigos buscaram entender teoricamente a diversidade de ensinos: matemática, medicina, diplomacia, mitologia, culto a deuses, leis, arquitetura, engenharia, artes mágicas, divinação... toda essa carga teórica não suplantou seu conhecimento, confiança e crença de sua fé no Deus Criador.

O primeiro passo que eles deram foi se absterem das festas e orgias que aconteciam, quando Daniel propôs ao chefe dos oficiais não se alimentar de comidas finas do rei, estava se afastando de duas possibilidades:

1ª) Não ser dependente dos alimentos do império. Com essa atitude, anuncia ao reinado natural e espiritual sua aliança com Deus e que não cederia à sedução do prazer, status e poder que estariam por vir. Eles estavam preparando-se para resistir às demandas que seriam criadas, gerando necessidades diversas, buscaram diferenciar-se. Claro que todos acharam isso muito estranho e incompreensível por parte deles, visto que teriam aquisições que os destacariam diante de muitos. Não estavam apenas se abstendo de alimento, mas se posicionando com sabedoria contra as práticas de comportamento que passariam a ser comuns, mas afetariam a comunhão com Deus.

2ª) Daniel e seus amigos eram cientes de que muitos pactos são realizados através de alimentos, músicas, sacrifícios e relações íntimas. Durante os banquetes com o rei, aconteciam todas essas situações com muita comida, bebida e promiscuidades, um abismo sempre leva a outro abismo. A alimentação de maneira seletiva, apenas com ingestão de legumes, fortalecia-os espiritualmente, evitando o envolvimento do ambiente, e abstendo-se do consumo de comidas e vinho, conseguiam permanecer atentos aos momentos criados para quedas. Mesmo com abstinência de alimentos finos, aparentavam-se mais saudáveis e resistentes. Esse posicionamento de jejum parcial rendeu aos quatros jovens uma amplitude nos estudos, conhecimento e inteligência em toda cultura babilônica, o que proporcionou grandes oportunidades profissionais, alcançando elevados cargos durante o exílio, como também proporcionou oportunidades para anunciar sua fidelidade e o poder do Deus Criador.

- **Situação n.º 2 - A prova de uma resposta impossível.** Desta vez os jovens foram pressionados a entregar uma resposta impossível, e sem compaixão, sofreriam a consequência da morte, como todos os participantes do grupo. Viver em um sistema babilônico é conviver com respostas imediatas, ainda que visivelmente aos olhos humanos essas respostas pareçam impossíveis. Mas O Senhor é capaz de responder a todos que o buscam em espírito e em verdade, ainda que a situação já tenha sido imposta, todo tempo é o tempo de Deus, e toda resposta emana do Pai da Luz, que ilumina a todos que o procuram, mesmo em tempo de ameaça e angústia.

> *O que o rei pede é difícil demais; ninguém pode revelar isso ao rei, senão os deuses, cuja morada não se encontra entre os mortais. Isso deixou o rei tão irritado e furioso que ele ordenou a execução de todos os sábios da Babilônia. **Assim, foi emitido o decreto para que fossem mortos os sábios.** Então, saíram à procura de Daniel e dos seus amigos, para que também fossem mortos.* (Daniel 2:11-13, NVI, grifo nosso).

> *Daniel voltou para casa, contou o problema aos seus amigos Hananias, Misael e Azarias **e lhes pediu que rogassem ao Deus dos céus que tivesse miseri-***

córdia acerca desse mistério, para que ele e os seus amigos não fossem executados com os outros sábios da Babilônia. Então, o mistério foi revelado a Daniel em uma visão de noite. Daniel louvou ao Deus dos céus. (Daniel 2:17-19, NVI, grifo nosso).

Diante do eminente risco e ameaças impostas pela Babilônia, para revelar o sonho do qual o rei Nabucodonosor não se lembrava, a maior estratégia dos jovens foi se unirem em oração e buscar do Senhor uma resposta que apenas Deus tem nos momentos mais difíceis da vida. *Ele revela o profundo e o escondido; conhece o que está em trevas, e com ele mora a luz* (Daniel 2:22, NAA).

A vida de oração desses jovens e a busca por respostas, mesmo sendo as mais difíceis, proporcionaram a eles experiências maravilhosas, mesmo vivendo em um ambiente hostil à sua fé e aos seus valores. No momento em que a causa era complexa, que fugia totalmente de uma possibilidade de atuação humana, Daniel convocou um momento de intercessão com seus amigos para que obtivessem uma resposta que apenas Deus podia trazer, Ele que conhece todas as coisas e que pode trazer respostas inusitadas, profundas para aquele que o buscar: *"Então, vocês clamarão a mim, virão orar a mim, e eu os ouvirei. Vocês me procurarão e me acharão quando me procurarem de todo o coração"* (Jeremias 29:12-13, NVI).

- **Situação n.º 3 – A prova da fidelidade e ameaça de morte.** Ameaçados para se curvarem diante da estátua do rei Nabucodonosor, optaram por ir para a fornalha. Sabendo que os jovens aprenderam sobre o conhecimento da cultura de adoração a deuses e divindades, foi decretado que todos adorassem a imagem de ouro, porém, de maneira corajosa e autentica, posicionaram-se em não se curvarem à exigência do rei, porque isso afetava o relacionamento com Deus.

> *Sadraque, Mesaque e Abede-Nego responderam ao rei: — Ó Nabucodonosor, não precisamos defender-nos diante de ti. Se formos lançados na fornalha em chamas, o Deus a quem servimos pode livrar-nos, e ele nos livrará das tuas mãos, ó rei.* **Mas, se ele não nos livrar, sabe, ó rei, que não serviremos aos teus deuses nem adoraremos a imagem de ouro que mandaste erguer.**
>
> *Nabucodonosor ficou tão furioso com Sadraque, Mesaque e Abede-Nego que o seu semblante mudou.* **Deu ordens para que a fornalha fosse aquecida sete vezes mais que de costume.** (Daniel 3:16-20, NAA, grifo nosso).

Mais uma vez a Babilônia dá os sinais do sistema, de que todos devem se curvar perante o ídolo que se escolhe em um determinado momento, Nabucodonosor impôs uma adoração à estátua de ouro, que representa Mamon, o deus da riqueza; até os dias de hoje, muitos se prostram diante desse deus estabelecido pelo sistema. Correm, adoram, curvam-se e praticam o que for possível para serem atendidos por essa divindade. Entregam seu tempo e dedicação por longas horas, dias, meses, anos para alcançarem o status, o poder, a fama, a ostentação.

Esses jovens arriscaram suas vidas, confiavam que apenas o Verdadeiro Deus pode livrar o homem dentro das circunstâncias mais complicadas, mesmo quando impostas pelo sistema em atuação com todos seus poderes e articulações, importa confiar em Deus acima de tudo: *Os que conhecem o teu nome confiam em ti, pois tu, Senhor, jamais abandonas os que te buscam* (Salmos 9:10, NVI).

Toda coragem é precedida por fé, ninguém é capaz de tomar uma decisão contrária ao que se impõe à maioria das pessoas se não houver uma convicção dos valores, e para que isso aconteça, esses valores precisam ser aprendidos, absorvidos e tidos como importantes para sua formação de fé e comportamento. Pessoas e jovens que não buscam leitura, capacitação e compartilhar sua fé terão dificuldades em sustentá-las nos momentos de confrontos e imposições.

É justamente aqui que entra o papel dos pais quando são cristãos, e fundamentalmente o papel da igreja local, procurando a formação de jovens, adolescentes e crianças como modelo prioritário. Os cultos são extremamente importantes, porém a construção do saber com base nas doutrinas bíblicas vai intensificar e fazer queimar seus corações ainda mais nos cultos.

Há muito a ser feito para ganhar, consolidar e enviar jovens a nações, é possível servir com uma profissão, tornando-o um missionário, cuidando de vidas e realizando-se profissionalmente. Para os chamados com exclusividade ao campo missionário dentro ou fora de sua nação não é diferente, em ambas as situações é preciso despertar quanto aos necessitados e perdidos e mostrar que as ferramentas que eles utilizam no dia a dia são as melhores quando utilizadas e movidas pelo Espírito Santo.

- **Situação n.º 4 – A prova da comprovação das habilidades, e o momento de evangelizar.** Mais uma vez Daniel é chamado para interpretar o sonho do rei, e sobre ele estava a confiança que poderia trazer a luz. Diante de sua permanente busca ao Senhor, foi capaz mais uma vez de entregar o que lhe era esperado. Essa expectativa partiu de diferentes reis e em vários momentos. Em todo tempo Daniel sempre esteve pronto a entregar o que o sistema esperava dele, e o que poderiam esperar de alguém usado por Deus? Cumprir com o propósito para o qual foi chamado!

Ele fez isso por meio de sua dedicação em manter-se íntegro, conhecedor do funcionamento da Babilônia, ocupante de cargos importantes, notável em suas habilidades, nunca permitiu que em seu coração operasse a vaidade, eliminou o desejo de usar e conviver com práticas seculares que danificassem sua relação com Deus. Os elogios subiam para glorificar ao Senhor, e nunca para ser maior que seus amigos, maior que os reis, ou contribuir com o sistema que afronta o Deus vivo na expectativa de ser reconhecido, pelo contrário, foi reconhecido pelos babilônicos como alguém usado por Deus, conseguiu atender aos anseios civis, espirituais e emocionais da época:

> *Beltessazar, chefe dos magos, eu sei que você tem o espírito dos santos deuses e que não há mistério que você não possa explicar. Vou lhe contar o sonho que eu tive, para que você me diga o que ele significa.* (Daniel 4:9, NAA).

> [...] *porque nesse Daniel, a quem o rei tinha dado o nome de Beltessazar,* **se acharam espírito excelente, conhecimento e inteligência, interpretação de sonhos, declaração de enigmas e solução de casos difíceis.** *Portanto, chame Daniel, e ele dará a interpretação.* (Daniel 5:12, NAA, grifo nosso).

Enquanto atuavam na Babilônia, Daniel, Ananias, Misael e Azarias em cada oportunidade proclamavam o nome do Senhor, acreditavam nos feitos e nas ações divinas e não se apartaram do seu Deus. Viveram no sistema sem se corromper ou se influenciar, foram sábios ao ponto de servir pessoas, de gerir negócios, liderar equipes permitindo que Deus atuasse nas adversidades que eram postas, usando suas próprias vidas com a finalidade de utilizar essas oportunidades para anunciar o poder de Deus, cumprindo com a missão para a qual Israel foi chamado diante das nações.

Nesse momento diante do rei Nabucodonosor, Daniel, além de interpretar e entregar a expectativa que o rei tinha sobre suas habilidades, encontrou a oportunidade para evangelizar e conscientizar Nabucodonosor dos seus pecados:

> Portanto, ó rei, aceite o meu conselho: **abandone os seus pecados, praticando a justiça, e acabe com as suas iniquidades, usando de misericórdia para com os pobres;** assim talvez a sua tranquilidade se prolongue. (Daniel 4:27, NAA, grifo nosso).

Que impressionantes se tornaram esses jovens, a cada dia mais experientes, avançaram na missão confiada em suas mãos, mesmo com todas adversidades, mantiveram-se cheios do Senhor para entregar a mensagem necessária para aquele tempo. Estiveram fora de sua nação, costumes e família, mas vivenciaram experiências que contribuíram com o desenvolvimento pessoal e espiritual, não apenas deles, mas de todos que presenciaram seus atos de fé. Obstinados a concluir o propósito para o qual foram chamados, edificar um novo templo, ainda que dentro da Babilônia.

> Portanto, faço um decreto, ordenando que todo povo, nação e língua que disser blasfêmia contra o Deus de Sadraque, Mesaque e Abede-Nego seja despedaçado, e que as suas casas sejam reduzidas a ruínas. **Porque não há outro deus que possa livrar como este. Então o rei fez prosperar Sadraque, Mesaque e Abede-Nego na província da Babilônia.** (Daniel 3:29-30, NAA, grifo nosso).

Os benefícios em se manterem no desenvolvimento da missão (apesar das adversidades) para a qual foram chamados são notáveis, ainda que vivendo dentro da própria Babilônia, conforme o texto anterior, alcançaram:

1. Admiração pela sua fé.
2. Defesa e alerta aos seus perseguidores, com a possibilidade de os bens.
3. Reconhecimento dos feitos do Senhor.
4. Alcance da palavra no coração de autoridades e das pessoas que testemunharam em suas vidas os feitos do Senhor.
5. Prosperidade pelo desenvolvimento do propósito.

Observe esse decreto de Nabucodonosor, rei da Babilônia, após o livramento da fornalha por parte de Deus a Sadraque, Mesaque e Abede-Nego: aqueles que não considerassem ao Deus Criador, cujo Deus são dos jovens em questão, sofreriam perdas tanto da sua própria vida quanto dos bens. E a atitude do rei junto aos jovens que foram fiéis ao Deus Criador foi de abençoá-los com prosperidade. Consegue perceber as semelhanças das causas e consequências da profecia de Ageu com a aplicação do decreto de Nabucodonosor?

Israel sofria por não considerar o chamado do Senhor para reconstrução do templo, e como consequência teve perdas e retenção em seus resultados de plantação:

> Por isso, os céus retêm o seu orvalho, e a terra não produz os seus frutos. **Fiz vir a seca sobre a terra e sobre os montes, sobre o cereal, sobre o vinho, sobre o azeite, sobre o que o solo produz, sobre as pessoas, sobre os animais e sobre todo trabalho das mãos**. (Ageu 1:10-11, NAA, grifo nosso).

Não considerar o chamado implica secura, sequidão nas diversas áreas da vida. A seca atingiu a terra, os montes, o cereal, o vinho e o azeite. Quando nos afastamos do propósito ao qual Deus está gritando por intermédio da sua palavra, e da profecia, a seca agride os nosso planos de crescimento (a terra); atinge nossa vida de oração, nos impedindo de viver maiores experiências com Deus (o monte); os resultados da renda e dos recursos são desproporcionais ao esforço empreendido (o cereal); as emoções e os sentimentos são como espinhos em nossas almas, buscando complementos para melhorar a satisfação (o vinho) e; por fim, para aqueles que não vivem pelo propósito para o qual foram chamados, nunca a unção será plena, porque a plenitude da unção é estabelecida em nossas vidas quando exercemos os dons e talentos para cumprir com o propósito para o qual fomos chamados (o azeite).

O rei Nabucodonosor, mesmo sendo um homem injusto e orgulhoso, admirou-se da fé dos jovens e soube reconhecê-los, fazendo-os prosperar. A promessa de Deus para aqueles que se disponibilizam ao chamado não será inferior ao cumprimento de um rei injusto e orgulhoso:

> *'Ninguém tem amor maior do que este: de alguém dar a própria vida pelos seus amigos. Vocês são meus amigos se fazem o que eu lhes ordeno.* Já não chamo vocês de servos, porque o servo não sabe o que o seu senhor faz; mas tenho chamado vocês de amigos, porque tudo o que ouvi de meu Pai eu lhes dei a conhecer. Não foram vocês que me escolheram; pelo contrário, **eu os escolhi e os designei para que vão e deem fruto, e o fruto de vocês permaneça,** a fim de que tudo o que pedirem ao Pai em meu nome, ele lhes conceda. **O que eu lhes ordeno é isto: que vocês amem uns aos outros'.** (João 15:13-17, NAA, grifo nosso).

Qual é o nível de engajamento com o propósito do Senhor em sua vida? Ainda ficaremos argumentando que estamos ocupados com a sobrevivência, com o crescimento dos negócios, com as dificuldades que aparecem durante nossa permanência nesse mundo, sem priorizar o chamado de Deus em nossas vidas? Repetimos então o mesmo endurecimento que o povo judeu para voltar e reconstruir o templo e restabelecer a ordem das coisas em nossas famílias e nação? Até quando, como corpo de Cristo, iremos protelar nossa participação na missão da Igreja? Até quando adiaremos o início ou a continuidade do nosso propósito, argumentando que ainda virá o tempo certo e as condições necessárias?

São muitas as perguntas, teriam muitas outras. Escrever este livro foi, sem dúvida, uma experiência espiritual inigualável, foram pouco mais de seis meses, e senti o impacto desse propósito já no mesmo dia em que recebi do Senhor, em um quarto de hotel, toda essa mensagem, para ser levada até você, até a sua casa, seu trabalho, e tentar encaixá-la no coração daqueles que, por meio do Espírito Santo, possam ser tocados e ministrados a posicionar-se ao seu Chamado de Reconstruir o Templo do Senhor. Esse Templo é cada um de nós, primeiro eu sou reconstruído, depois eu participo do resgate e fortalecimento de outros.

Quando o Senhor abriu minha visão para escrever esta mensagem de reconstrução, também me fez reconduzir todo um sistema preparado para: ocupar, desgastar e desviar a atenção do propósito real, entregando toda a minha energia, colhendo muito menos que meus esforços. Nesse momento, pensava em alcançar nossos filhos, sobrinhos, amigos, pessoas que o Senhor coloca em nossos caminhos para amar e cuidar. É devido a essa reconstrução e recondução que está sendo possível escrever este livro. Outras ações foram tomadas por mim após entregar a Deus muitos problemas e situações que me preocupavam e paralisavam minha caminhada com o Senhor no dia a dia.

Consigo, agora, realizar o culto familiar em minha casa todas as segundas-feiras, onde eu, minha esposa e minha filha temos o compromisso de nos prepararmos para participar sempre no mesmo horário, com a mesa posta, com novidades na mesa (quando possível). Nesse momento, depois de tomarmos café juntos, adoramos, compartilhamos a palavra e as experiências, intercedemos. Deus tem nos quebrantado, vejo as mudanças em cada um, é muito impressionante! Tenho muitas coisas para contar, mas ficará para outro encontro.

Comecei primeiro a reconstruir o meu templo, com mais tempo de oração, jejum, trabalhando pontos em meu comportamento que eu sabia que desagradavam ao Senhor. Claro que muitas vezes fiquei triste comigo, porque não estava avançando como pretendia, mas não parei, persisti e recomecei várias vezes esse trabalho de transformação no comportamento e no modelo de pensamento, sabia que podia contar com o Espírito Santo. Ele é quem faz toda parte da obra, o que precisamos é obedecer e seguir todos os dias, tanto nos dias bons quanto nos dias ruins... isso continua a cada dia, isso continua hoje.

Por mais que a nossa consciência tente afirmar que realizamos alguma coisa pelas nossas vidas, e por outras vidas, a verdade é que estamos muito distantes, basta olhar como estamos emocionalmente frágeis, outros fisicamente esgotados, muitos com tantos recursos e talentos, e muito pouco é reinvestido no Reino. Estamos esgotados, cansados, preocupados, endividados, desconfiados, desacreditados, envolvidos pelo sistema e pelas redes que nos arrancam tempo de investir no Reino.

Creio que Deus tem enviado muito à sua igreja, mas como igreja ainda há muito a ser feito, começando em nosso dia a dia, evangelizando, orando, discipulando, treinando e doando.

O apóstolo Paulo apresenta os diferentes dons que o corpo de Cristo possui, e deve fazer com todo zelo, dedicação e fé, empenhem-se em seu dom, conforme a palavra:

> *Temos, porém, diferentes dons segundo a graça que nos foi dada: se é profecia, seja segundo a proporção da fé; se é ministério, dediquemo-nos ao ministério; o que ensina dedique-se ao ensino; o que exorta faça-o com dedicação; o que contribui, com generosidade; o que preside, com zelo; quem exerce misericórdia, com alegria.* (Romanos 12:6-8, NAA).

Temos recebido do Senhor a palavra, a cura, a libertação, os dons, os talentos e muitos outros benefícios, de graça recebemos, de graça retribuímos a quem precisa, isso é voltar para Jerusalém e reconstruir os muros. Pouco a pouco é imposto sobre nossas rotinas uma carga de responsabilidades e informações que impedem a maioria das pessoas de observar e agir, para investir tempo e recursos ao que de fato é o nosso maior chamado: ganhar almas e cuidar de vidas.

Para que isso aconteça e ganhe escalada que produza mais vidas restauradas, será preciso quebrar com o modelo imposto em nossas vidas pelo sistema. Os remanescentes de Israel abandonaram uma rotina que parecia importante, e com o melhor argumento possível, mas suas vidas estavam enterradas, produção abaixo da capacidade em relação ao esforço que se empregava, porque estavam distantes do propósito de Deus.

Nessa condução de focar a missão e viver novas experiências a níveis espiritual e pessoal, o papel das lideranças motivadas e motivadoras são fundamentais ao desempenho dos grupos, essas lideranças promovem o equilíbrio entre o que é sacro e civil, e a todo momento destacam a importância da unidade, fé e santidade. A liderança à base de humildade, integridade e confiança, crendo que foi chamada e garantida pelo Senhor, reduz os ruídos, os abandonos e promove um ambiente satisfatório para avançar diante das adversidades.

Levante-se agora e veja através da impossibilidade como Ezequiel viu sobre o vale de ossos secos, Deus provoca a fé daqueles que são chamados, para mostrar a muitos através destes do que Ele é capaz de fazer. Estamos expondo sobre os jovens que vivenciaram o exílio e as suas tomadas de decisões diante das adversidades e perseguições sofridas.

Mesmo correndo o risco de utilizar uma ideia paralela ao que propõe este último capítulo, vou usar apenas mais um momento durante o exílio para destacar a vontade de Deus em sensibilizar e usar seus escolhidos, para cumprir seu propósito universal: alcançar aqueles que estão perdidos, destruídos, fracassados e distantes da comunhão com Ele.

Na visão relatada em Ezequiel 37, durante o exílio, o Senhor fez esse profeta vivenciar uma experiência em um vale cheio de ossos:

> Veio sobre mim a mão do Senhor, e ele me levou pelo Espírito do Senhor e me deixou no meio de um vale que estava cheio de ossos. **Ele me fez andar ao redor deles, e eu pude ver que eram muito numerosos na superfície do vale e estavam sequíssimos.** Então me perguntou: **'Filho do homem, será que estes ossos podem reviver?'** Respondi: — **Senhor Deus, tu o sabes.** Então ele me disse: **'Profetize para estes ossos e diga-lhes: 'Ossos secos, ouçam a palavra do Senhor'.** (Ezequiel 37:1-4, grifo nosso, NAA).

Deus proporcionou a Ezequiel vivenciar de perto a condição de Israel, e constatou que uma grande quantidade de pessoas estava morta e seus ossos já sequíssimos, essa experiência bem de perto da situação de seu povo sensibilizou o profeta, e o fez entender a gravidade e a profundidade do caos em que se encontrava a nação, com muitas pessoas perdidas e sem possibilidades reais de recuperação.

Diante de uma visão de ossos secos, sem possibilidade de se tornar um exército, com todos mortos, essa pode ser a condição espiritual também da nação, Deus iniciou a segunda fase na construção de mobilizar Ezequiel e lhe fez uma pergunta: *"Filho do homem, será que estes ossos podem reviver?"*. Que pergunta desafiadora. De maneira sábia, mas também cautelosa, o profeta respondeu que apenas Deus sabia, ou que Ele poderia o que quisesse! O Senhor então começa a fase três para mobilizar Ezequiel, a quem Ele chama de filho do homem, e então pede: *"Profetize para estes ossos e diga-lhes: Ossos secos, ouçam a palavra do Senhor"*.

O Senhor construiu passo a passo a mobilização do filho do homem para recuperar o que já estava perdido, o que era caos. Primeiro abriu seu campo de visão espiritual e o fez vivenciar o nível do caos que operava no meio da nação, para testemunhar a impossibilidade do problema; em segundo lugar, inquiriu sobre sua fé, da possibilidade de ser feito o impossível; em terceiro, pediu que profetizasse, e a partir da obediência do profeta um grande exército foi levantado:

> **Então profetizei como me havia sido ordenado.** *Enquanto eu profetizava, houve um ruído, um barulho de ossos que batiam contra ossos e se ajuntavam, cada osso ao seu osso.* (Ezequiel 37:7, grifo nosso, NAA).

O que precisamos para os dias de hoje é ter a consciência de que vivenciamos uma inversão de valores, um esfriamento muito grande do amor-próprio, fatos claros de apostasia em nosso cotidiano. Espero que nosso campo de visão esteja aberto para identificar o quanto o sistema rouba o tempo para nossa edificação. Se já não temos tempo para edificar as nossas vidas em direção ao enchimento do Espírito Santo, o que dizer de andar milhas a mais, com quem tem necessidade de nossa presença e atenção, se até os filhos estão sentindo falta de seus pais, o que dizer de ganhar, discipular, investir e enviar uma alma no Reino dos Céus.

Considere hoje como está você, e passe a viver uma grande e forte transformação, alcance seu coração vivenciando cada vez mais forte a presença do Espírito Santo, vivendo Cristo. Depois, procure edificar outras pessoas, aquelas que o Senhor for colocando em seu caminho, as que se aproximam de uma forma carente e necessitando de cuidados; Tenha uma certeza: a sua vida será transformada e será cumprida a mensagem principal da profecia de Ageu.

A glória desse novo templo será maior do que a do primeiro, diz o Senhor dos Exércitos; e nesse lugar darei a paz, diz o Senhor dos Exércitos. O tempo após a reconstrução será melhor do que os melhores momentos do passado.

Viva transformação, receba paz! A palavra paz, no hebraico *shalom*, vai muito além do significado em português, ausência de conflito. Ela abrange a completude, a integridade, o bem-estar e a prosperidade de toda pessoa, quando um judeu deseja a paz, o *shalom* para alguém, ele está desejando toda ausência de conflito, toda prosperidade possível, toda saúde possível, todo bem-estar possível... Sim, é possível viver isso ainda hoje, reconstrua seu templo e participe da reconstrução do próximo e verás a glória de Deus. Shalom!

EXTRAS

Modelo prático de evangelismo em 4 passos

1. O problema: A separação do homem de Deus

Explicação: o pecado separa o homem de Deus, porque todos pecaram e estão destituídos da glória de Deus.

Versículos:

- Romanos 3:23: *Porque todos pecaram e destituídos estão da glória de Deus.*

- Isaías 59:2: *Mas as vossas iniquidades fazem separação entre vós e o vosso Deus; e os vossos pecados encobrem o seu rosto de vós, para que não vos ouça.*

2. O plano de salvação: através de Jesus Cristo

Explicação: Deus, em Seu amor, providenciou um meio de reconciliação por meio de Jesus Cristo, que morreu pelos nossos pecados.

Versículos:

- João 3:16: *Porque Deus amou o mundo de tal maneira que deu o seu Filho unigênito, para que todo aquele que nele crê não pereça, mas tenha a vida eterna.*

- Romanos 5:8: *Mas Deus prova o seu amor para conosco, em que Cristo morreu por nós, sendo nós ainda pecadores.*

3. O caminho: arrependimento e confissão

Explicação: para participar do plano de salvação, é necessário arrepender-se dos pecados e confessar Jesus como Senhor e Salvador.

Versículos:

- Atos 3:19: *Arrependei-vos, pois, e convertei-vos, para que sejam apagados os vossos pecados.*

- Romanos 10:9: *Se com a tua boca confessares ao Senhor Jesus, e em teu coração creres que Deus o ressuscitou dos mortos, serás salvo.*

4. A promessa: certeza da vida eterna com Cristo

Explicação: ao aceitar Jesus, temos a garantia de vida eterna e morada celestial com Ele.

Versículos:

- João 14:2-3: *"Na casa de meu Pai há muitas moradas; se não fosse assim, eu vo-lo teria dito. Vou preparar-vos lugar. E quando eu for e vos preparar lugar, virei outra vez e vos levarei para mim mesmo, para que onde eu estiver estejais vós também".*

- 1 João 5:11-12: *E o testemunho é este: que Deus nos deu a vida eterna, e esta vida está em seu Filho. Quem tem o Filho tem a vida; quem não tem o Filho de Deus não tem a vida.*

Oração de entrega

"Meu Deus, eu reconheço que sou um pecador e que meus pecados me separam de Ti. Peço perdão por todos os meus erros, pecados e transgressões. Reconheço que nada posso fazer por minhas próprias forças para merecer a Tua graça e misericórdia. Hoje, eu renuncio a todas as obras das trevas e quebro, em nome de Jesus, toda maldição, toda aliança com o mal, toda palavra de derrota, toda maldade que foi lançada sobre mim ou minha família. Rejeito toda aliança que fiz consciente ou inconsciente com o inimigo de minha alma. Eu declaro que estas coisas não têm mais poder sobre a minha vida, porque agora eu me entrego completamente a Ti.

Jesus, eu creio que Tu és o Filho de Deus, que morreste na cruz pelos meus pecados e ressuscitaste ao terceiro dia. Eu te convido a entrar em meu coração, como meu Senhor e Salvador. Eu entrego a Ti toda a minha vida, o meu passado, o meu presente e o meu futuro. Transforma-me, guia-me e faz de mim uma nova criatura.

A partir de hoje, eu escolho viver para Ti, seguir os Teus caminhos e confiar em Tua Palavra. Eu Te agradeço, Senhor, pela Tua salvação e pelo Teu amor incondicional. Em nome de Jesus, amém".

APOIADORES

Colégio EVO - Educação para Toda Vida

Instagram - @colegio.evo

A história do Colégio EVO começou há 9 anos, quando um casal decidiu criar uma escola que atendesse a seus filhos e à comunidade local. No princípio, essa escola recebeu o nome de "Escola Moranguinho e Sua Turma", fazendo referência à personagem infantil Moranguinho. No decorrer desse tempo, a escola cresceu e, para atender à demanda crescente, a escola EVOluiu, mudando seu nome então para Colégio EVO, palavra oriunda do latim e que, em todos os idiomas, significa "perpétuo".

Dr. Samuka

Instagram - @drsamukaoficial

Samuel Rodrigues, advogado e reeleito vereador pelo município de Camaçari, tem em sua vocação trazer para si a defesa de seus munícipes, priorizando a segurança e a educação da região. Parlamentar atuante na fiscalização dos direitos da sociedade, realiza nas comunidades a "Blitz do vereador Dr. Samuka", que intervém, junto ao poder público, com resoluções às maiores necessidades e carências da população.

Oliveira Jr.

Instagram – @oliveirajr.imoveis

Ageval Oliveira Júnior, 53 anos, tem uma carreira consolidada com mais de 20 anos no mercado imobiliário, atendendo às diversas classes econômicas e com reconhecida atuação no mercado de imóveis de alto luxo. Sua destacada performance e atendimento priorizando a ética durante as transações proporcionou um dos maiores destaques para um profissional no ramo imobiliário. Atualmente, Oliveira Jr. é conselheiro e conciliador no Creci-BA.